Vera Demonstratio Evangelica, D. I.: Beweiss Der Lehre U. Des Mittler-ampts Jesu-christi Durch Christianum Democritum...

Johann Conrad Dippel

nemlich GOTT um seines geliebten Sohnes JEsu Christi willen ja verhindern wolle, daß das sonst noch orthodoxe König-Reich Schweden durch mich nicht möchte vergifftet werden; weil sie aber sehr kurtz darüber hingefahren, und auch keine zulängliche, oder vielmehr mit Fleiß mutilirte und verfälschte Nachrichten mögen gehabt haben, so werden sie aus dieser Relation ihre Defecte suppliren, und zugleich darbey sehen können, was ihr Gebet vor Effect gehabt. Sie finden nemlich hier das Gifft, womit Schweden inficiret worden, und welches ohne Zweiffel nun auch einige Würckung in Teutsch-Land, und in ihrem lieben Sachsen, nach sich ziehen wird. Haben sie nun ein gutes Antidotum, oder Gegen-Gifft, wider die jetzt mit aller Macht grassirende Pest, die dem Babel und Reich des Teufsels den Untergang drohet, so können sie ihre Kunst versuchen; doch müssen sie andern Theriac brauchen, als ihre Symbola. Das Beste wird seyn, wann sie die zwey noch recht orthodoxe Litzen-Brüder, oder Karn-Schieber, Monsieur Neumeister und Edzardi, aus Hamburg, gegen

und keine Schiffe vorhanden waren, die mich nach Lübeck, oder sonst wohin, könnten überbringen, die dortigen Königlichen Dänischen Officiers aber auch nicht gern sahen, daß ich allzu lang da verweilete, so miehtete ich vor 8. Reichsthaler ein expresses Fahrzeug, mich nach Schonen, und zwar nach dem nächst-gelegenen Städlein, Zimbrits-Haven, das ohngefehr 4. bis 5. Meilen von Bornholm liegt, übersetzen zu lassen, von dar zu Lande mich nach Idstätt zu erheben, auf daß ich mit der ordinairen Post-Jacht daselbst nach Stralsund in Pommern, und so weiter könnte nach Teutsch-Land kommen. Als ich zu Idstätt arriviret, und nun im Begriff war, mit der Jacht fortzugehen, wollte man mich, ohne einen Paß von dem Schwedischen Gouverneur in Schonen, nicht einnehmen, und weil ich damit nicht versehen war, sondern glaubte, mein Dänischer Paß sollte mir auch hier den Weg öffnen, so muste ich mir gefallen lassen, allda noch acht Tage zu verweilen, die nächste Post-Jacht abzuwarten, und mich während der Zeit nach einem Schwedischen Passeport umzusehen.

kommen; doch weil sie hörten, daß ich nur durchpassirte, und eben von dem Humeur nicht wäre, einen Priester oder Schulmeister zu agiren, oder meine Meynung quovis modo fortzupflantzen, so schwiegen sie still, und waren so klug, daß sie durch ein unnöhtiges Geschrey die Leute nicht wolten noch curiöser machen. Ich reisete dann mit meinem ehrlichen Wirth, der mich bis in das Schiff begleiten wolte, endlich im Frieden von **Christianstadt**, einen Weg von etwa 9 oder 10 Schwedische Meilen, wiederum nach **Jdstätt**, in der festen Resolution, nun mit der Jacht nach **Stralsund** abzufahren. Wir traffen die Jacht parat, auch den Wind gut, und machten den Abend noch alles fertig, um den folgenden Tag, Nachmittags, fortzugehen. Ich zahlte dem Postmeister für die Fracht nach Stralsund 5 Thaler Silber-Müntze, welches nach unserm Gelde 2½ Rthlr. macht, und der Wind blieb gut, bis an die Minute, da wir sollten zu Schiffe gehen, und mein Kuffer schon auf der Strasse war, da er dann auf einmahl changirte, gantz contraire wurde, und also den Schiffer obligirte, liegen zu bleiben.

noch vor mir habe. Vielleicht kommt mirs noch zu gut, wann ich einmahl wieder nach Schweden reise.

Wir giengen dann abermahl zurück, und nahmen, nicht immer einerley Weg zu passiren, unsere Route über **Lund**, weil ich doch diesen ersten und principalsten Bischoffs-Sitz in den Norder-Quartieren gern en passant sehen wollte. Der Ort und die Stiffts-Kirche kam mir von aussen sehr schlecht vor, und ich hatte desfalls schlechte Begierde, die innern Raritäten zu besehen. Wir hielten uns also gar nicht auf, giengen nur in den Buch-Laden, um zu sehen, ob auch hier was von Ketzereyen zu finden, weil doch jetzt die Buchführer hierinn allein ihr Conto finden, und da mein Wirth und Compagnon hier einige Sachen, die nach seinem Goût waren, sich angeschafft, verfolgten wir unsere Reise nach **Christianstadt.**

Nach Verlauff von einigen Tagen, da unterdessen meines Wirths Frau glücklich entbunden war, und nunmehro der Termin des ausgeschriebenen Reichs-Tags in Schweden heran nahete, nemlich der Monat September, bekam ich unvermuhtet einen Brief von Stockholm, in welchem mir

Daseyn vernommen, nicht würden ohne Furchten bleiben, und vor ihre Orthodoxie gewaltig Sorge tragen, weil sie aus meiner Retour durch **Lund** nach **Christianstadt** ohne Zweiffel geschlossen hätten, es sey meine Intention, aufs minste den Winter in Schweden zu verbleiben, in welcher Zeit sich das Gifft durch die orthodoxe Schwedische Lufft gewaltig würde können ausbreiten, und gegen den künfftigen Sommer eine schlimme Pestilentz verursachen, ob ich schon niemand suchte zu unterrichten, und nur denen, die mich fragten, kurtze, doch nicht allzu orthodoxe, Antwort gab.

Was ich vermuhtete, das geschahe auch. Denn an Statt einer weitern Invitation bekam ich von Sr. Majestät durch den oberwehnten Cammer-Herrn eine Ermahnung, mich je eher je lieber auf die Reise nach Teutsch-Land zu begeben, weil der Clerus meinetwegen an den König eine solenne Deputation geschickt, und gebeten, mir, als einem notoriè gefährlichen Menschen, der so viel Unheil in der lieben Kirchen schon gestifftet, ein Consilium abeundi zuzuschicken. Es wäre dem Könige zwar dieses Incidens leyd, weil Er aber diesen

Stand

rück zu ruffen und zu cassiren: weilen es gegen alle Vernunfft, und gegen alle göttliche und menschliche Gesetze lieffe, einen Menschen, der in ihrem Lande nichts verwürcket, und jetzt erst aus dem Druck und der Verfolgung seiner Feinde gekommen, um nur einen Transitum innoxium, oder Durch-March zu geniessen, ohngehört und ohnverantwortet, auf solche, der gantzen Nation præjudicirliche Art anzufallen, und fortzujagen.

Nun waren würcklich die Befehle an einige von denen Gouverneuren, oder Lands-Haupt-Leuten expediret, mich nicht durchzulassen, wo ich etwann meine Reise nach Stockholm sollte prosequiren, an den aber in Schonen, mir anzudeuten, meine Reise nach Teutsch-Land zu beschleunigen, und bey Verweigerung dessen, mich mit Force nach dem Strande, und in ein Schiff zu bringen. Dann weil das Gerücht lieff, **die Kayserin von Rußland** wollte mich gern in Ihre Dienste haben, welche auch viel bey Sr. Majestät von Dännemarck zu meiner Relaxation contribuiret hätte, so fürchteten die Priester in Stockholm, ich würde meine Reise nach Rußland durch ihr Land prosequiren,

mich

tus, und die Gewalt, die mir durch der Clerisey ihre Raserey angethan worden, auch ins künfftig andere aus ihrem Mittel selbst treffen.

Und gewißlich hatten hier die übrigen Stände Ursach, auf ihrer Huht zu seyn, weil der Clerus in meiner Affaire einen Faut-pas begangen, der schnur-stracks gegen ihre Fundamental-Gesetze anlieff, in welchen præcaviret ist, daß währendem Reichs-Tag kein Stand privativè etwas sollte vor den König bringen, oder von Ihm verlangen, ohn zuvor mit denen übrigen Ständen darüber zu conferiren; weil nun dieses in meiner Sache nicht geschehen war, so hatten sie desto mehr Raison, dieser ersten Infraction, oder Beleydigung, ihrer Reichs-Gesetze sich masculè zu widersetzen. Der Clerus selbst würde sich auch nie so weit verlauffen haben, wo nicht ein gewisser vornehmer Herr ihnen diese Sache nicht allzu leicht gemacht, mit dem sie zuvor ihre grosse Moht communiciret hatten; dann weil dieser zu seinen weit aussehenden Desseins ihrer benöhtiget, so nahm Er, sie zu cajoliren, diese Affaire auf seine Hörner, damit auch sie zur gelegenen Zeit wiederum mit Ihm in ein Horn

Doctor Benzelius, sich eifrigst bemühete, sie von ihrer Thorheit zu detourniren, auch ihnen, quasi als ein Prophet, voraus sagte, was daraus kommen würde, und wie dieses eben der Weg würde seyn, mich näher herbey zu bringen, an Statt mich zum Land hinaus zu jagen. Da hingegen dessen Bruder, Doctor Theolog. und Professor zu Lund, sich desto grimmiger und absurder aufführte, und nebst dem Bischiff von Abo, der nun an seinen Ort gegangen, Doctor de Witte, durch mutilirte und falsche Extracta, die sie aus meinen Schrifften gezogen, die übrigen, die von mir noch wenig gelesen, debouchirte, um desto grimmiger auf diesen Ertz-Ketzer loß zu gehen; da aber diese Extracta auch auf das Ritter-Hauß gebracht waren, und unter die Augen einiger kamen, die meine Schrifften auch gelesen, so kamen so viele Theologische Streiche hervor, und flogen darbey so viele injuriöse Brocken der Clerisey um die Ohren, daß sie gern, wo es wäre möglich gewesen, ihr Corpus Delicti wiederum zuruck genommen hätten, zumahl, da sie nun hörten, und glauben konnten, daß ich selbst bald würde in Stockholm seyn, um uns mit einander zu besehen.

zugeschickt werden. Dieses letztere aber directè zu suchen, trug ich Bedencken, und war zufrieden, nur von weitem zuzusehen, wie sie selbst unter sich die Sachen möchten klar machen, die ohne mein Wissen und Willen waren angefangen. Dann so lang mir nicht directè und Auctoritate publica die Anklage des Cleri wurde zugeschickt, und meine Antwort darauf verlanget, so konnte ich mich nicht selbst zur Verantwortung obtrudiren, weilen ich nicht wuste, ob die Richter nicht gesinnet, die gantze Klage, als absurd und impertinent zu cassiren, und folglich mich dieser Mühe zu überheben. Ich blieb dann getrost zu Christianstadt, mit der Resolution, diesen Winter über allda auszuhalten, und abzuwarten, wie die Sachen weiter lauffen würden.

Da die Clerisey dieses merckte, schlug sie einen andern Weg ein, und wollte mich zum Lande hinaus predigen lassen, weil es durch Politische Force nun nicht mehr möglich war. Der Probst in Christianstadt, welcher bis dahin sich gar nichts von der Ketzerey hatte mercken lassen, und sonst ein dummes und debouchirtes Thier war, das mit seiner gantzen Familie der

Der Magistrat konnte ihm diese Reproche desto getroster zuschicken, weil etwan ein Jahr zuvor ein Königlicher Befehl an alle Prediger im Druck war publiciret worden, auf der Cantzel vom Personal-Elencho und von der Pietisterey gäntzlich zu abstrahiren, und sich privatim mit den Leuten zu besprechen, die ihnen verdächtig vorkämen; da dieser hingegen schnurstracks gegen solchen Königlichen Befehl, nicht nur mich und meinen Wirth allezeit mit Nahmen nannte, sondern auch so gar die Noblesse und die übrigen Stände schimpflich anzapffte, daß Sie dem Könige suchten die Hände zu binden, der sonst, als Custos utriusque Tabulæ, gern gegen dergleichen Ketzer würde Justitz thun, und sich von dem heiligen Ministerio weisen lassen, wie Er mit dergleichen Schwärmer solte zu Wercke gehen.

Unter der Hand schickte der Probst etliche mahl seinen Caplan an meinen Wirth, und ließ ihn fragen, ob ich noch bey ihm wäre; da er, und die gantze Stadt es doch wohl wüsten, und ich mich gar nicht versteckte; Er meynte aber, mich dardurch zu schrecken, und glaubend zu machen, daß nun bald die Sache mit Nachdruck

der sahe, dem die Hände und der Kopf zitterte, sagte: Das kommt vom langen Predigen: und weil man sonderlich unter denen Predigern dergleichen viele fand, so glaubten beynahe die Bauren selbst, daß etwas daran seyn müste, und excusirten deswegen diese Schwachheit mit desto grösserm Mittleyden. Daß ich also hierinn mich um das Ministerium verdient gemacht, und ein grosses Præjuditz ihnen von dem Halß gewältzet.

Zwischen Weyhnachten und heiligen Drey-Königen hatten die Sessiones des Reichs-Tags einigen Respit, in welcher Zeit zwey Grafen und Glieder des Reichs-Tags von der Noblesse sich die Mühe gaben, von Stockholm nach Christianstadt expresse meinetwegen überzukommen, um mich zu sprechen, und mich durch Ihre Presence desto eher zu bewegen, nach Stockholm zu kommen. Diese kamen, quasi ex Condicto, auf einen Tag, ohngeachtet keiner von des andern Vorhaben was gewust, und machten in Christianstadt unter den Bürgern so wohl, als Priestern, ein grosses Auffsehen. Jedermann glaubte, daß sie von der Noblesse Auctoritate publicâ wären abgeschickt, oder

daß die Sachen so lieffen, wie sie lieffen, und sich excusiren, daß es an Ihrem guten Willen gar nicht gemangelt. Wir nahmen dann unsern Weg durch Wester-Gothland, hatten, wegen des häuffigfallenden Schnees, sehr schlimmen Weg, musten unsere Chaisen auf Schlitten legen lassen, und hielten uns einige Tage in Wester-Gothland bey des Herrn Grafen, der uns begleitete, seinem Herrn Bruder auf, der uns auf seinem Guht viele Höflichkeit erwiese, und kamen endlich, nach einer Reise von ohngefehr 10. Tagen in der Mitten des Januarii Ao. 1727. zu Stockholm des Abends um 9. Uhr an. Man hatte schon für mich längst zuvor an etlichen Orten die Quartiere zurecht gemacht, und zanckte sich quasi darum, wer mich haben sollte; ich erwehlte aber endlich das Logis zu nehmen bey einem alten ehrlichen und frommen Mann, Herr Cammerier von Walckern, der quasi der erste von den Pietisten in Stockholm gewesen, und nun schon über 30. Jahr lang mit denen Priestern im Streit gelegen, in dessen Hauß ich, so wohl von ihm und seiner Liebste, als seinen übrigen Angehörigen, viele Liebe und Höflichkeit genossen; wiewohl

eben ein solches that auch Ihro Majestät die Königin durch einen Ihrer Cammer-Diener. Weil ich aber auf der Reise in solchem sehr incommoden Wetter mit Schnupffen und Heisserkeit des Halses incommodiret worden, und noch nicht im Stande war, viel zu discouriren, so ließ ich mich allerunterthänigst entschuldigen, bis diese üble Disposition cessiret hätte, und ich desto füglicher meine Aufwartung machen könnte. Dieses Bezeugen des Königs und der Königin machte alle übrigen desto confidenter, mich ohne Scheu zu besuchen, und also waren meine Zimmer täglich mit Volck von allerley Rang und Qualitæten angefüllt, das theils die Curiosität, theils die Liebe und Affection, theils aber eine eigene Angelegenheit, mich als einen Medicum zu consuliren, hierzu antrieb, und weil ein jeder content von mir gieng, so vermehrte solches den Zuspruch von Tag zu Tag, daß innerhalb eines Monats Zeit ich schwerlich konnte über die Strasse gehen, ohne schon von den meisten Einwohnern so wohl, als Fremden in Stockholm, deren bey diesem Reichs-Tag eine grosse Menge da war, erkannt, und mit Fingern gezeiget zu wer-

aber dieses wird niemand leugnen können, daß man ihn mit Recht einen Schrecken der Bischöffe nennen kan: dann ihr Herren habt beym Arrivement dieses Mannes in unserm Reich einen solchen Allarm gemacht, als ob hundert tausend Russen wären eingefallen, und nun er selbst hierher gekommen, so rühret ihr euch gar nicht mehr.

Der oben erwehnte Bischoff von Gothenburg, Herr Doctor Benzelius, der seinen Herren Collegen von Anfang klug und weißlich gerahten, still zu schweigen, riebe ihnen nun auch unter die Nase, daß sie seinem guten Raht nicht folgen wollen, und durch ihre unweise Conduite das zuwege gebracht hätten, was er gefürchtet, und ihnen schon voraus geprophezeyet hatte. Er suchte sie darbey zu disponiren, vier aus ihrem Mittel, unter welchen er selbst einer seyn wollte, an mich zu deputiren, und mit mir in eine freundliche Conference zu treten, weil es von der gantzen Welt nohtwendig für sehr absurd müste angesehen werden, wo sie gar nichts thäten. Dann vor ihr eigen Corps könnten sie, als Ankläger, mich nicht fordern lassen, ich würde auch, wo sie es thäten, schlechten Respect brauchen, und

mich auffzustehen, und mir ein paar Dutzend Ketzereyen auf den Rücken zu werffen.

Diese Aufführung der Clerisey machte nun, daß mich ein jeder vor einen terribilen und unüberwindlichen Held ansahe, der mit seiner blossen Præsence alles könnte in Furchten setzen; und als einige von der Noblesse aus Raillerie aussprengten, ich würde in Schweden bleiben, und der König hätte mir die Survivance auf das Ertz-Bischoffthum Upsal, dessen Vorsteher ohnedem schon bejahret war, conferiret, so waren viele unter den geringern Priestern selbst, die solches tour de bon glaubten, und deswegen anfiengen, mir grossen Respect zu bezeugen. Weil sie auch von allen Menschen, die mich gesprochen hatten, vernahmen, daß ich, wie sie sich sonst eingebildet, eben kein bizarrer Kopf wäre, sondern jedermann freundlich begegnete, so fassten sie endlich auch den Muht, mich zu besuchen, und bedienten sich des Prætexts der Medicin, weil zumahlen viele unter ihnen in der That waren, die, wie der Probst zu Christianstadt, sich durch allzu langes Predigen, die Schwachheit

So wunderlich lieffen die Sachen in Schweden mit mir, daß, da man mich von Anfang so schrecklich beschryen, und als die ärgste Pest verabscheuet, nun viele von dem Clero selbst sich persuadirten, es könnte wohl möglich seyn, daß ich noch ihr Ertz-Bischoff würde. So leicht richten sich die Urtheile der Menschen nach dem Wind des allgemeinen Beyfalls, und folgen allzeit dem grösten Hauffen, so wohl im Schelten als Loben, zumahl, wann unter solchem Hauffen Leute gefunden werden, die mit ihrem Ansehen und Auctorität dem Urtheil einiges Gewicht geben.

In Schonen hatte ich mir schon vorgenommen, bey meinem Arrivement in Stockholm keinen von den Grossen des Reichs expressè zu besuchen, wo ich nicht würde ultro invitiret, oder gefordert werden, um der Clerisey zu zeigen, daß ich gegen sie keine Patronen suchte; weil aber viele von denselben mir zuvor kamen, und mich nicht nur Ihrer Visiten auf meinem Zimmer würdigten, sondern auch zu sich zur Mahlzeit invitiren liessen, so konnte ich nicht anders, als dieser Faveur und Höflichkeit gehörige Parition leisten; weil aber die meisten von diesen, die mir so begegneten, angesehen wurden, als wenn sie von der Russischen und Hollsteinischen Parthey wären, so schöpfte der Herr = = = = darüber einige Ombrage, als ob ich mich etwann auch in Ihre Cabalen meliren wollte; und es wurde mir sehr offt von seinem Anhang vorgerückt, warum ich diesen Herrn noch nicht besucht hätte, da ich schon so viele von den andern Reichs-Rähten gesprochen. Ich replicirte, daß mein Intent von Anfang wäre gewesen, mich keinem von den Grossen zu obtrudiren; alle aber, denen ich von den übrigen aufgewartet, hätten mich theils selbst erst besucht, theils ultro invitiren lassen, also wäre es meine Schuldigkeit gewesen, Ihnen zu Willen zu seyn: Würde mich nun Seine Excellence eben so lassen fordern, und dardurch zeigen, daß ich nicht mal à propos mit meiner Aufwartung kommen würde, so würden Sie mich gantz willig und bereit zu Ihren Diensten finden. Aber ich wuste voraus, daß Er sich hierzu, aus Furcht, die Clerisey zu offendiren, nicht leicht würde disponiret finden; Doch richtete es Seine Frau Gemahlin in die Wege, daß Sie mich etliche

mahl

ger in Schweden werden könnte, und deswegen der beste Raht wäre, mich fortzuschicken.

Dann es ist zu wissen, daß der Umgang und die Conduite, mit welcher ich unter dieser Nation, ohne einem Menschen zu schmeicheln, sehr grossen Credit fand, es endlich dahin gebracht, daß alle übrigen Stände so wohl, als die Stadt Stockholm überhaupt, dahin bedacht waren, mich in Schweden, so jaloux sie auch sonst gegen die Fremden sind, zu behalten, und mich so zu accommodiren, daß ich Lust bekäme, von ihrer Gutheit zu profitiren, und willig wäre, mich da nieder zu lassen; dann sie glaubten, und waren es zum Theil versichert, daß ich ihrem Reich keinen geringen Nutzen würde können zuwege bringen. Zu dem Ende wurden von diversen, ohne mit mir darüber zu concurriren, Memorialia dem secreten Ausschuß præsentiret, auch sonst an andern Orten, da es einige Würckung thun könnte, mündlich vorgetragen, daß man mir bey dem Berg-Wercks-Collegio eine solche, damahls vacant werdende, Station sollte antragen, die ich auszuschlagen

Herrn : : : : die damahls oben trieb, sich meiner erst zu versichern, ehe sie zu diesem Dessein der Nation concurriren könnte, oder wollte.

Ich selbst wäre disponiret gewesen, Schweden vor allen Orten in der Welt zu meinem Verbleib zu erwehlen, weil ich ohnedem dieser Nation schon lang alles Gutes gegönnet, und nun so viele Generosité und Höflichkeit, als ein pur Fremder, unter Ihnen genossen, die mich nohtwendig muste obligiren, ihr gutes Vertrauen zu mir auf allerley Weise zu demeriren. Weil es mir aber ohnmöglich war, in die Basesse zu verfallen, daß ich einen Menschen um des andern Willen sollte gering, oder hoch achten, meyden, oder mit ihm umgehen, oder meine Verbindlichkeit zu dem gemeinen Besten, durch die krummen Absichten einiger wenigen, die nur das Ihre suchen, gefangen nehmen lassen, so fand ich bey mir selbst am rahtsamsten, mich, wie bis hieher, passiv zu halten, und dieser neuen Republique zu zeigen, daß ich ein rechter Republiquain wäre, und ihre Wege und Künste gar nicht billigen wollte, und könnte, durch wel-

folglich nun ihnen selbst, aus Respect gegen ihre Ordnung, noch wollte aus dem Schimpf helffen, damit sie sich entschuldigen könnten, ob sie schon nichts bewiesen, doch den Braten von ferne gerochen zu haben.

Diese Fragen thaten abermahl einen wunderlichen Effect, und befriedigten beynahe alle Partheyen: die Cabalisten wurden auf beyden Seiten von dem Argwohn befreyet, daß ich ins künfftig ihnen vielleicht schaden möchte, und die Clerisey war froh, daß sie nun sagen konnte, da sehet ihr, daß wir nicht umsonst auf der Huht gewesen, und wohl gewust, was hinter diesem gefährlichen Ketzer verborgen wäre.

Weil aber doch die Fragen so an einander hiengen, daß ihre evidente Wahrheit allen Unpartheyischen muste in die Augen leuchten, so war damit die Noht der Kirche noch nicht gehoben; sie wurden alsobald vielfältig abgeschrieben, auch ins Schwedische übergesetzt, und ehe man sich umsahe, so machten sie eine erschreckliche Ravage und Confusion in der Orthodoxie.

Die

Artickel von der Rechtfertigung noch in Ehren zu erhalten, und das andere, sonderlich den Sacramenten-Kraam, vorbey zu gehen; kam aber übel damit zu kurtz, und alienirte, oder machte Jhm selber alle seine besten Zuhörer abwendig, die ihn beschuldigten, daß er bey dieser Gelegenheit sich wieder insinuiren, und eine Bischoffs-Kappe verdienen wollen. Die Orthodoxen waren zwar froh, daß er ihnen die Mühe abgenommen, hiessen ihn ins Gesicht wiederum ihren Bruder, ja Vater, doch waren sie so schlimm, daß sie an anderen Orten ihn auslachten und traducirten, ja selbst bekannten, daß er dieser Sache nicht gewachsen wäre, und sich nur wollen sehen lassen; und daß er besser gethan, wann er ihrem Exempel gefolget, und nichts dargegen publiciret hätte; weil durch meine Antwort die Sache doch nur immer schlimmer würde gemacht werden; dann mit mir, der ich ihre Principia nicht annähme, würde kein Mensch können auskommen, er sey auch so gelehrt, als er wolle.

Unter der Hand lieff der Reichs-Tag, der ein völliges Jahr gewähret hatte, zu

seinem

die noch übrigen Wenigen zu debouchiren.

Sie hatten zu dem Ende mit Fleiß dem Bürger-Stand in einer gewissen Angelegenheit wegen Stralsund und Wißmar bis hieher nicht ihre Stimme geben wollen, um sie zu obligiren, ihnen zuvor in Regard meiner auch zu Gefallen zu leben. So lang das Corps der Bürger noch bey einander war, konnten sie nichts effectuiren, bis sie endlich auf den letzten Tag zu ihrem Zweck kamen, und mit einander um meine Person den Kauf traffen, und also mit Concurs der noch wenig daseyenden Bauren den Reichs-Schluß abfasten, daß mir sollte angedeutet werden, aus dem Lande zu gehen.

Die Noblesse erfuhr es erst den andern Tag, da der Reichs-Tag schon geschlossen, und folglich keine weitere Assemblée erlaubet war. Alles wurde über diesen Streich verbittert, ja alle Collegia bezeugten darüber ihren höchsten Verdruß, und nannten es eine That, wodurch die gantze Nation wäre beschimpfft worden, und die deswegen

Hessischen General Diemers, der auch durch ein Reichs-Tags-Conclusum aus dem Reich zu gehen, wäre obligiret worden, und sich dennoch ein gantzes Jahr in Schweden hätte aufgehalten. Ich ließ mir dann diesen Vorschlag gefallen, und wollte nun sehen, was der Senat, welcher durch die neue Promotion nun ziemlich angewachsen, und folglich mit den meisten Stimmen des Herrn - - - - Meynung secundiren konnte, vor Mêsures würde nehmen, wann Ihm mein Intent sollte bekannt werden.

Da bey nahe ein Monat verflossen, kam endlich der Schloß-Vogt, Herr von Dracke, der die Vice-Statthalters-Dienste verrichtete, und nun würcklich Vice-Statthalter ist, bey mich, um mir den Befehl, oder den Schluß der Stände, zu insinuiren. Ich fragte Ihn, ob ein Termin darinn bestimmt, er sagte: nein, rieht mir aber doch, je eher je lieber fort zu gehen, es wäre dann, daß ich resolviren könnte, durch eine Supplique bey dem König einige Prorogation zu versuchen; eben dieses riehten mir auch andere Freunde, und

derohalben den Herren von Dracke, ihnen solches vorzustellen; Es schien aber, als ob sie nun recht Plaisir daran hätten, mir entgegen zu seyn, und einer von dem Senat, der eben nicht mit ihnen in ein Horn bließ, sagte, es wäre fest gestellt, daß ich fort sollte, ich möchte kranck, oder gar todt seyn.

So gieng ich dann den 5. December Anno 1727. von Stockholm, in einer wohl geschlossenen Chaise, in Compagnie eines getreuen Freundes, nach Schonen, und wurde unterwegs alsobald besser. In Schonen brachte ich hier und dar bey guten Freunden noch einige Monate zu, und ließ mich endlich gegen Ausgang des Monat Mertzs Anno 1728. von Malmö auf Copenhagen über den Sund bringen. In Copenhagen wurde ich aufgehalten bis in den folgenden Monat September, in welchem ich meine Reise nach Teutsch-Land fortsetzte, und fast durch alle diejenigen Oerter wiederum passirte, da man mich vor 9. Jahren par Force nach Norden durchgebracht.

Dann allein das Reich der Finsterniß und der Lügen brauchet Gewalt, die vermeynte Wahrheit, oder den Betrug, gelten zu machen, und es ist absolute ohnmöglich, daß diejenigen, die in der Göttlichen Wahrheit stehen, in solche unvernünfftige Wege verfallen können. Also, wo auch in der That irrige Lehrer verfolget und gedrücket werden, kan es doch von niemand, der in der Wahrheit stehet, geschehen, sondern allein von blinden Schwermern und Ketzern, die ihre Götzen-Bilder allein wollen verehret wissen, und deswegen scheel sehen, wann andere Gecken und Blinden mit gleicher Thorheit auf das Theatrum kommen. In dieser Blind- und Bosheit stehen heut zu Tag ja alle Secten, die kleinen und jungen Huren-Kinder so wohl, als das alte und grosse Babel, sie beissen und jagen einander allzeit; wer leydet, der klaget zwar über Verfolgung, so bald er aber Lufft kriegt, oder an Force prævaliret, so thut er wiederum desgleichen, wer nicht gedruckt wird, der druckt alsobald den andern, ist also diese liebe Huren-

Kirch

dem Lügen-Kraam selbst interessiret, oder, ex Officio die Betrügereyen des Antichrists zu vertheidigen, gehalten ist, der wird bekennen, daß hier die wahre Religion und die Lehre Christi besser, als jemahls zuvor geschehen, erklähret und vertheydiget sey.

GOTT sey mit allen Lesern, zu erkennen und zu prüfen, was das Beste sey, und gebe ihnen auch Glaubens-Resolution, dem Guten nachzukommen, und Christum so wohl in der That, als in Worten zu bekennen. Amen!

Zachar. 14. v. 9.

Der HErr wird König seyn über die gantze Erde: zur selbigen Zeit wird der HErr nur Einer seyn, und sein Name nur Einer.

v. 7.

Es wird ein Tag seyn, dem HErrn bekannt, weder Tag noch Nacht; aber zur Zeit des Abends wird es Licht werden.

wissen Versicherung, und ohne Zweiffel auch viele von den Lesern, die ihn deswegen von dem Laster einer eiteln Disputir-Sucht und Hunger nach eitelm Ruhm werden lossprechen: Ja er bildet sich getrost ein, daß er selbst vor dem Gewissen seiner Gegner, deren ungegründeten und hefftigen Widerspruch er so lange mit Gedult ertragen, diesen Character behaupten werde, ob es schon bey ihnen wird hart halten, nach ihrer eigenen Uberzeugung die Wahrheit zu bekennen. Weil er aber doch von Ihnen eine Prüfung und Antwort verlanget und hoffet, auch keinen bessern und solidern Unterricht, wo er solchen erhalten kan, auszuschlagen gedencket; so hat er sich nicht entziehen können, Ihnen einige Hindernissen bekannt uud erinnerlich zu machen, die vornemlich im Wege stehen, der erkannten Wahrheit durch ein freymühtiges Bekänntniß die Ehre zu lassen. Das erste und fürnehmste Obstaculum bey den meisten Lesern wird seyn, der dieser Wahrheit e Diametro entgegen stehende Fleisches-Sinn, dem hier alle Schlupf-Winckel benommen, in welchen er sein Leben zu salviren, und doch die Seeligkeit in Christo zu finden sich getrauet. Ich urtheile dieses desto getroster, weil die

che verfälscht, verkehrt und verstümmelt vortrügen, und damit dem Reich der Sünden das Wort redeten. Diese præsumirte, oder vielmehr fest-gestellte Possession der Wahrheit wird freylich angesehene und in publiquen Functionen stehende Persohnen in solchen Stand des Widerspruchs setzen, daß sie eben so wenig, als die Juden ihren Mosen, ihre angenommene Form der Lehre, gegen das Evangelium JEsu Christi zu verwechseln und hinzulegen, werden resolviren können, sollte ihnen auch die Wahrheit noch so klahr unter die Augen leuchten. Ich bin ferne davon, gegenwärtiges Zeugniß in allen Puncten vor ausgemacht und Sonnen-evident der Welt zu obtrudiren, vielweniger mich mit Christo, oder einem Propheten und Apostel in Parallel zu stellen; sondern halte es nur vor meine Pflicht, das Maaß meiner Erkänntniß, so weit ich derer in gegenwärtigem Maaß des Lichts GOttes Versicherung habe, andern gemein zu machen, und bin vor meinen Augen so wohl, als GOttes Augen, so viel als nichts: Wäre ich aber noch weniger als ich bin, so müste doch mein Vortrag so viel Auctorität in dem Gewissen der Leser finden, als die angenommene Sectirische Satzungen, die von

Nota.

Wer gegenwärtigen Entwurff mit der Vorrede, die wir Anno 1719. dem von uns publicirten so genannten hell-polirten Secten-Spiegel vorgefüget, hier aber nun hinten an gedruckt ist, conferiren wird, der wird ohne Zweiffel beyde Stücke desto geschwinder zu verstehen Gelegenheit finden, weil an einigen Orten eines dem andern zulängliche Erklährung giebt: Doch wird nöhtig seyn, so wohl dieses, als jenes nicht oben hin, sondern mit reiffem Bedacht, nicht allein zu lesen, sondern auch nicht nur einmahl zu herlesen, damit die Connexion der nicht allzu bekannten, und ausser der Sphæra der Schul-Theologie erkannten Wahrheiten, dem aufmercksahmen Gemühte möge einleuchten, und den Nebel der vorgefassten Irrthümer dissipiren. Wer aber diese Sachen, bloß in einem blinden Eifer zu contradiciren, lesen und untersuchen wird, der wird sich zwar nicht so gar die Augen können ausreissen, daß er nicht sollte in seinem Satzungs-Kraam confundiret und perturbiret werden; doch wird er allezeit unfähig bleiben, Wahrheiten als Wahrheiten zu erkennen, noch mehr aber, solche zu seinem eigenen Besten anzunehmen.

Condition sey und bleibe, des höchsten Gutes theilhaftig zu werden und zu bleiben? Ja ob es nicht aus dem Wesen der Sache selbst fliesse, indem nichts, was gut ist, zu geschweigen das höchste Gut, anders, als durch Liebe kan angenommen werden, es müste dann die Idée eines Bösen capabel seyn, das Gemüht zu sich zu ziehen, oder Liebe zu erwecken?

6. Ob, da einige von den vernünftigen Creaturen sich von dem Einfluß des höchsten Gutes abgekehret, und ihre Liebe theils auf sich selbst, theils auf die übrigen Creaturen, oder auf ein unzulängliches und falsches Gut vor einen unsterblichen und so hohen Geist, gewendet, auch GOtt, als das höchste Gut, in seinen Eigenschaften sey geändert worden, oder aufgehöret habe, in Regard der abgewichenen Creatur, die Liebe zu seyn und zu bleiben?

7. Ob man sich deßwegen einen solchen Abwechsel des Lichts und der Finsterniß, oder Zorn, Haß und Rache in GOTT selbst zu seyn, ohne eine Lästerung, oder aufs minste, Verkleinerung des Wesens GOttes, könne einbilden, da solche Eigenschaften allezeit aus einem Mangel und Ohnmacht in der Creatur entstehen, und eigentliche Früchte des Reichs der Finsterniß und der Höllen sind?

8. Ob folglich alle dergleichen Attributa und Benennungen in der Schrift nicht aus der Eigenschaft und Irrthum der Creatur genommen, deren Begriff sich GOTT selbst zuweilen accommodiret, und zu ihrem Besten sich herunter gelassen, um durch beygebrachte Furcht und Schrecken das in etwas zu erhal-

ten

12. Ob also nicht diese beyden Gebothe, oder Consilia medica, nach dem Fall, folgends dem Ausspruch der Wahrheit selbst, die gantze Summa des Gesetzes allezeit seyn und bleiben werden, und folglich der unverrückliche Grund und die Regul der wahren und zur Seeligkeit führenden Religion; indem das erste die ewige Seeligkeit, so allein in der Gemeinschaft des höchsten Gutes besteht, entdeckt und dazu führet; das zweyte aber auch in der Welt wiederum das Paradieß eröffnet, die Creatur glückseelig und vergnügt macht, und alle Unordnung, die durch den Abfall eingeführet, aus dem Grunde hebet?

13. Ob nicht diese ewig-währende Gebothe alsobald nach dem Fall durch GOTT, oder das ewige Wort, denen Menschen-Kindern insgesammt sind entdeckt und kund worden? und ob sie nicht von vielen, durch die Hülff- und Gnaden-reiche Bewürckung des λόγȣ, das einmahl im Fleische sollte offenbahret werden, sind in Effect gebracht worden? und ob vor GOTT wandeln und fromm seyn, oder wie es eigentlich nach dem Hebräischen heisset: mit GOTT wandeln und vollkommen seyn, worinn Enoch und andere Heiligen dem Ruff des höchsten Gutes zur Seeligkeit gefolget, etwas anders sagen wollen, als alle Begierde und Kräfte der Seelen zu GOtt gekehret haben, ihn über alles zu lieben, dessen Natur theilhaftig zu werden, und aus dieser Göttlichen Art und Gemeinschaft auch dem Nächsten sein Recht widerfahren lassen.

17. Ob diese Gesetze Mosis nicht vielmehr nur eine wohl-geordnete Republique unter einer Theocratie zum Zweck gehabt, als das ewige Heyl der Seelen; um also ein degenerirtes dumm-und widerspenstiges Volck nicht so wohl zum Reich der Himmeln, oder zu den ewigen Gütern zu bringen, als auf Erden in guter Ordnung, und der davon dependirenden Glückseeligkeit zu unterhalten, und anbey die wahren Güter nur unter groben Bildern zu bezeichnen?

18. Ob in dem gantzen Mose eine einige ausdrückliche Verheissung oder Bedrohung von ewigen Wohl-oder Weh-Seyn zu finden, und ob nicht alle dergleichen Verheissungen und Bedrohungen nur auf das Wohl-und Weh-Seyn dieses zeitlichen Lebens im Lande Canaan restringiret sind?

19. Ob hieraus nicht von sich selbsten folge, daß diese Gesetze GOtt, als das höchste Gut, im Heyl der Seelen vor Zeit und Ewigkeit, nicht haben zum Ziel gehabt, sondern nur als einen summum Imperantem, Baal oder Dominum, der zum Nutzen seiner Unterthanen gebiethet in dieser Sterblichkeit?

20. Ob ungeacht, daß die Gebote des ewigen Lebens: GOTT über alles, und den Nechsten als sich selbst zu lieben, dem Buchstaben nach auch bey den Juden bekannt gewesen, dennoch deren tieffer Grund nicht bey den meisten verborgen geblieben, und folglich die Besten von den Gesetz-Heiligen des Alten Bundes sich damit vergnüget, wenn sie die wüsten Ausbrüche der Sünden, oder des eigenen Lebens, wie solche auch in der äussern Societät Unordnung erregen, nach

24. Ob die von den Propheten unter Mose gegebene Verheissungen eines bessern oder neuen Bundes, in welchem die ewige Gerechtigkeit wiederbracht, und die wesentlichen Gesetze des Paradieses wiederum in der Gläubigen Hertz sollen eingeschrieben werden, GOtt aber nicht mehr Baal, oder Dominus, sondern Mann oder Bräutigam der Seelen soll heissen, und als das höchste Gut vor Zeit und Ewigkeit erkannt und gesuchet werden, etwas anders wollen anzeigen, als daß GOtt in denen Zeiten der Besserung im Sinn habe, das wieder zu bringen, was durch den Abfall verlohren worden?

25. Ob das höchste Gut, so nichts vor sich selbst kan begehren oder suchen, wenn es nach dem Fall als ein Artzt, Gesetze und guten Raht mittheilet, um seiner eigenen Seeligkeit die Creatur wiederum theilhaftig zu machen, etwas könne ordnen oder vorschlagen, das dem Krancken zu halten und zu erfüllen, oder anzunehmen absolute unmöglich wäre?

26. Ob dergleichen von GOttes Weisheit, Allmacht und Liebe, oder auch Gerechtigkeit zu gedencken, nicht schändlich und lästerlich sey; da es selbst einer sterblichen Creatur, es sey einem Artzt oder Regenten, zur wohl-verdienten Blame würde gereichen, die Patienten oder Unterthanen, mit solchen absurden und lächerlichen Recepten und Gesetzen zu beschwehren?

27. Ob, weil hier in der Zeit der Kampf und Streit gegen die Sünde und das eigene Leben in dem Fleisch so wohl, als gegen die Welt und den Satan nicht

30. Ob sein Vortrag nicht vielmehr eine ohnfehlbahre Richtschnur der Haushaltung GOttes bleibe, das Reich der Himmeln, oder die neue Creatur in dem Menschen wiederum aufzurichten, und die abgewichene Creatur wiederum in das Göttliche Wesen zu versetzen, oder der Göttlichen Natur theilhaftig, das ist, seelig zu machen?

31. Ob diese Theilhaftigkeit der Göttlichen Natur, und die Einwohnung GOttes des Vaters und des Sohnes, nicht nach dem Ausspruch Christi und seiner Apostel, die allertheureste und allergrössseste Verheissung des Evangelii sey; und ob eine grössere nach dem Wehrt der Sachen selbst seyn könne, da hierinn allein unsere anerschaffene Seeligkeit bestanden, und folglich auch die wiederherzubringende allein hierinn, so wohl in der Zeit unter dem Streit, als in der Ewigkeit, bestehen wird, ja in nichts anders bestehen kan?

32. Ob dieser Seeligkeit Einführer, JESUS, sein Volck von Sünden seelig zu machen oder zu befreyen, und ihnen solche verhaßt zu machen, jemahls seinen Himmlischen Vater als einen erzürnten und rachgierigen vorgestellet, oder jemahls sich vermercken lassen, daß er gekommen, seinen zornigen Vater zu versöhnen, und dem Gesetz, oder der verlezten Gerechtigkeit GOttes, an unser Statt ein Genügen zu thun?

33. Ob er nicht im Gegentheil, so wohl in seiner Lehre, als Parabeln, GOtt allezeit als einen barmhertzigen, liebreichen und zur Vergebung geneigten

vor-

ze des Reichs GOttes nach
d Zeichen und Wunder ge-
ers, ob sie nicht in dem nöh-
gkeit von ihrem Meister wä-
rt unterrichtet worden?

Christum den seeligmachen-
der auch dem Evangelio zur
das anders seyn könnte, als
Reich der Himmeln, oder
t mit dem höchsten Gut, vor
ner Lehr, seinem Exempel,
Führung und Bewürckung
n als den Mittler des neuen
t zu werden, wohin Moses
niemand bringen kan?

glauben das ewige Gesetz der
d hingegen das Gesetz Mosis
, als, weil es in sich selbst
berstiegen werde, und also
land sagt: Daß er gekom-
zuheben, sondern vollkom-
iner Gemeinschafft ein solch
führen, durch welches die
groben Ausbrüchen, sondern
r in der Wurtzel selbst, sollte
en; damit das ewige Gesetz
iche Gerechtigkeit aus GOtt
t werde, die nicht mehr nach
n nach dem Geist?

40. Ob

da er spricht: muste nicht
und in seine Herrlichkeit
solche absolute Nohtwendigk
Brief an die Hebräer, dem
seinem Raht zur Seeligkei
oportebat, es konnte in Absic
anders seyn, als, daß er den
keit durch Leyden vollkom

49. Ob er folglich, nach de
nicht starckes Gebet mit
auch vor sich so wohl, als v
gehabt, zu dem, der ihm
ob er in seinem letzten Tode
Menschheit den Abscheu ge
den, als eine Versuchung, em
kämpffen und zu beten nöhtig
mein, sondern dein Wille

50. Ob in diesem gantze
Lebens und Leydens des Hey
verkehrten Lehre zu finden, d
lehrt und gelitten, welches n
gläuben, in seinem Maaß mi
ob es darum nicht ein Betrug
niß sey, die Worte: ὑπὲρ ἡ
uns zu gut, zu deuten: an u

51. Ob nicht das Maaß
ligkeit und Herrlichkeit in d
so wohl hier in der Zeit, als i
lire nach der mehrern oder m
mit diesem Process des Heyl

54. Ob, gleichwie durch die
kehrung aller Kräfften zu GOtt d
gen nohtwendig sich entdecket, ode
langet wird, nicht eben also dur
oder das Beharren in den Lüsten d
Todt, die Hölle und das Mißverg
ben nach dem zeitlichen Tode v
Seelen offenbahr werden müsse, n
Vergnügen entrissen, und die Him
ne und noch unbekannt sind, da sie
der Creatur zwar von continuirl
auffsteigenden Begierden geplage
Seiten vom Genuß einigen G
bleibet?

55. Ob sich nach dem Grad die
natürlichen Verderbens in den
nicht auch durch eine natürliche
Zustand der Plage und Verdamm
reguliren müsse, indem durch den z
der dem bösen Zustand der Seel
Sünden etwas kan abgehen, noch
der Gnaden etwas zuwachsen, d
in dem Leibe, der nur ein todtes I
sondern allein in der Seele, oder i
tzel hat?

56. Ob der Heyland selbst etwa
len, wenn er spricht: Wer a
oder sich an mich übergiebet, kön
richt, sondern hat schon ei
kommt alsobald in seinem Maaß, i

als was sehr gut ist; und folglich auch Justitia d
butiva, oder die vergeltende Gerechtigkeit nicht
ders kan zum Ziel haben, als das Recht der e
Schöpffung zu vindiciren, und die Creatur,
GOTT als Schöpffer allezeit lieben muß, un
mahls hassen kan, von dem Reich der Sünden z
freyen, und durch saure und süsse Mittel dahin zu
gen, daß sie mit dem höchsten Gut wiederum i
einer Vereinigung treten?

59. Ob eine einige von den abgewichenen Cr
ren, sie sey auch in ihren Begierden so weit vo
höchsten Gut entfernet, als sie immer wolle, in
absoluten und unüberwindlichen Unmöglichke
befinde, dieses höchste Gut wiederum zu erwähle
zur seeligen Ruhe zu kommen?

60. Ob nicht in dem Lebens-Grunde selbst,
in dem Centro der Begierden aller gefallenen
turen, die in nichts, als in dem Genuß der e
Güter solides Vergnügen finden können, nic
eine passive Fähigkeit, sondern selbst ein blinde
heimlicher Hunger liege, etwas bessers zu besitze
dem der Genuß des falschen Gutes ohnmöglich
weiten Lebens-Grund erfüllen oder sättigen kan

61. Ob derohalben nicht allein diejenige un
Gebuhrten, die hier nicht recht vom Tode zum
hindurch gedrungen, doch nicht alle Zucht der
de von sich gestossen, nicht noch können durchs
der Gerichte nach dem Tode gereiniget, und z
ger Einlassung der ewigen Schätzen disponire
den; sondern auch selbst alle übrige Gottlose,

65. Ob anders, als auf erzehlte Weise
wahr seyn, was die Schrifft sagt: Daß C
stus sey ein Heyland aller Menschen, son
lich aber der Gläubigen. Daß GOTT
beschlossen habe unter den Unglauben,
daß er sich aller erbarme. Daß in Christ
les wiederum zusammen gefasset, und alle C
tur mit GOTT versöhnet werde?

66. Ob das gantze Complementum des M
ler-Ammts Christi sich nicht in dem terminire,
alle Feinde, oder vielmehr Feindschafft, das ist
Fleisches-Sinn und Leben ausser GOTT, soll
gehoben, und GOTT, das höchste Gut,
derum alles in allen werden, das ist, das
trum und der einige Vorwurff und Vergnügun
ler erschaffenen Geister in Ewigkeit verbleiben?

67. Ob es endlich nicht gegen die Natur der
che selbst streite, ein in alle Ewigkeit daurendes
der Finsterniß und der Sünden zu concipiren
dem nichts in sich selbst von ewiger Daurung,
Währung seyn kan, was nicht von GOTT,
aus GOTT seinen Ursprung hat, oder, so zu r
seine ewige Wurtzel aus dem Wesen GOttes
hat?

68. Ob derohalben der alte Irrthum der M
chæer, von zweyen, von aller Ewigkeit her, gegen
ander stehenden Principiis: Licht und Finster
Bösen und Guten, mehrere Absurdität in R
habe, als die Meynung der heutigen Orthod
oder auch Böhmisten, welche Licht und Finst

71. Ob es nicht vernünfftiger, und vom Betrug entfernter sey, die Kleinmühtigen auf die niemahls verruckte und ewig-währende Liebe GOttes in Christo zu weisen, sich derselben ohne einige Bedingung in die Arme zu werffen, und alles von ihr zu hoffen, auch nach dem Tode durch die ihr allein beliebigen Mittel dasjenige zu ersetzen, was hier durch eigene Schuld und Trägheit versäumet worden?

72. Ob diese gründliche Demuht und Ubergabe der ewigen Liebe nicht besser gefalle, und deren Gnaden-reichen Einflüssen mehr Platz mache, als aller falsche Trost und Zuversicht, durch welche man sich dasjenige von aussen will zueignen, welches man in der That zu besitzen gantz unfähig ist, oder das schon zu haben vermeynet, was noch sehr ferne ist, und was uns GOtt, in solchem Zustand der zerstreueten und von dem höchsten Gut abgekehrten Begierden unserer Seele, nicht geben kan?

73. Ob das Exempel des Todt-Schlägers, der bey des Heylandes Creutzigung seinen Glauben an diesen Erlöser so kräfftig bezeuget, und deßwegen von ihm so theure Verheissung empfangen, nicht sehr unbedachtsahm, und ohne einige Uberlegung angebracht werde, das bis hieher gesetzte umzustossen; da kein Mensch beweisen kan, daß dieser Ubelthäter bis an das letzte Moment ein unbekehrter gewesen?

74. Ob die tieffe Einsicht und Erkänntniß von dem Ammt und Reiche des Heylandes, in welcher er auch alle Jünger Christi übertroffen, nicht genugsam beweise, daß er zuvor den Heyland gehöret, und seinem Evangelio

nicht versichert ist, daß der Krancke schon zuvor die Wahrheit des Evangelii erkannt, und entweder durch die Kranckheit, oder durch anderes Ungemach, wie dieser Todt-Schläger, Gelegenheit gehabt, sich in dem innersten Grunde des Willens von allem Irrdischen loß zu reissen, und dem Heyland in seiner Seelen Raum zu machen, der denn freylich in solchen Umständen unter dem Creutz offt in wenigen Wochen sein Werck kan weiter bringen, als wohl sonst unter dem freyen Genuß der irrdischen Lüste in vielen Jahren nicht wäre möglich gewesen?

78. Ob endlich aller Trost, und durch alle Gründe gesuchte und gefasste Zuversicht nicht eytel und ohne Nachdruck in sich selbst sey, so lange das verheissene Gut nicht in gewisser Maasse in der That gefühlet und besessen wird; oder der Heilige Geist, der allein der Tröster und das Pfand unsers Erbes ist, in dem Hertzen wohnet, den verfinsterten Verstand bestrahlet, und den Hunger des Glaubens durch den reellen Einfluß der ewigen Güter, nach seinem Maaß, befriediget?

Removenda.

79. Ob die prætendirten Orthodoxen, da sie selbst bekennen, und wo sie nicht alle Vernunfft wollen wegstossen, bekennen müssen, daß Zorn, Haß und Rache nur per ἀνθρωποπάθειαν, das ist, nach Menschlicher Weise, GOtt können zugeeignet werden, nicht unverantwortlich handeln, da sie das gan

stum mit GOtt versöhnet werden muß, oder aus d[i]
Feindschafft gegen GOtt, dem Fleischlichen Sin[n]
der von dem höchsten Gut fliehet und einen Absch[eu]
hat, in die Freundschafft und Gemeinschafft m[it]
GOTT versetzet zu werden. Gleichwie zu dem End[e]
der Apostel ermahnet und bittet: **Lasst euch m[it]**
GOTT versöhnen! Es lieget nicht an GOT[T]
sondern an euch selbst, daß ihr Feinde bleibet?

83. Ob das Wort: ἀπολύτρωσις, **Erlösung**
durch die gantze Schrifft nicht allezeit eine reelle Be-
freyung von den Banden des Verderbens und alle[n]
Obstaculis, die uns im Wege sind, unsern Zwec[k]
zu erreichen, anzeige; und ob das Verderben durc[h]
den Fall eingeführet, das ja kein blosser Reatus, sondern ein reelles Verderben und Abweichen von de[m]
höchsten Gut ist, damit könne gehoben seyn, wo jeman[d]
den Reatum gut machte, und das Reich der Sünde
ungestöhret liesse?

84. Ob die von dem zukünfftigen Messia bey dene[n]
Propheten gebrauchte Expressiones: **Sünde tra-**
gen, Sünde tilgen, unsere Gebrechen auf sic[h]
nehmen, vor uns geschlagen werden un[d]
Schmertzen fühlen, nicht ebenfalls in grosse[r]
Blindheit auf ein bloß imputirtes Heyl und Satisfaction gezogen werden; da solche Erniedrigung un[d]
Mühe dem Heylande, als Heyland, absolute nöhti[g]
wär, in seiner eigenen angenommenen Menschhei[t]
als Hertzog der Seeligkeit, den Durchbruch durch da[s]
gantze Reich der Finsterniß zu eröffnen, und zugleic[h]
seinen Brüdern den Procels zu zeigen, in welchem s[ie]

 allei[n]

keit können eingehen, und
ihnen vollführen will, was
n vollführet hat?

Auslegung nicht desto fre-
eniger zu entschuldigen seyn,
n der Schrifft den wahren
ngen mit ausgedruckten
olche Verheissungen zum
füllet zu seyn bezeuget, da
am Leibe in der That ge-
nicht eben auf dieselbe Art
und Verdorbenen müsse
werden, wofern der Mes-
und Heyland seyn soll?

Absurdität, möge darinnen
erkannt werden, daß er
achen, das ist, die Kran-
daß er, der Artzt, an ihrer
[illegible]

de Artzt aus grosser Liebe
ren Vertrauen aufzuwe-
Krancken destinirte Me-
inzunehmen, nicht aber-
en würde: Der Artzt habe
Medicamenten eingenom-
ug seyn, den Patienten ge-
mputation

st in einer unbegreifflichen
rechtigkeit, wo es nur in
eine Condition des Heyls
ange-

angegeben wird, auf dergleichen imputirtes H
zogen werde, und hierdurch dem Reich der
niß aller Vortheil geschehe, oder aufs minste de
land in seinem Mittler-Ammt zu einem S
Diener gemacht werde, der die Menschen, ohn
vor von ihren Sünden seelig zu machen, oder
freyen, in die Gemeinschafft des höchsten G
bringen, gekommen sey?

89. Ob dieses falsche Evangelium nicht de
velhaffter erdichtet sey worden, je weniger die S
einen einzigen Ort an die Hand giebt, aus w
dieser höchste Glaubens-Articel könne bewiese
den: **Christi Gerechtigkeit wird dem Gla
oder denen Gläubigen zugerechnet?**

90. Ob die Proposition Pauli: **Der G
wird zugerechnet zur Gerechtigkeit**, oh
phistication und handtastliche Verdrehung,
vorigen gleich geltend könne angesehen werden;
Glaube ja nicht ausser uns, oder etwas frembd
sondern die Thür und einige Condition auf
Seiten, den Heyland in seinem Mittler-Amm
in ihm die ewige Schätze des Reichs der Hi
anzunehmen, und einzulassen?

91. Ob, da Paulus gegen die Juden das
Mosis mit aller seiner Herrlichkeit und Gerech
als unzulänglich, die ewige Gerechtigkeit des
Bundes zu geben oder zu befördern, verwirft
ihnen dagegen den Glauben oder die Uberg
JEsum, der allein in uns vollführen kan, was de
setz ohnmöglich ist, allein recommendiret, e

93. Ob das unbesonnene Geschrey, d
möglich anzunehmen, was GOTT un
oder es sey ohnmöglich die Conditiones z
die zum Heyl zu gelangen von GOTT
vorgeleget sind, nicht eben so absurd hine
als wenn jemand von GOTT, dem hö
und weisesten Artzt, gedencken und sagen
ist ohnmöglich sich seiner *Ordonnance*
werffen, oder er giebt *Medicamenten*, die
brauchen kan?

94. Ob die schöne Distinction, in w
GOTT zweyerley Willen zulegt, nemlich
seglichen und *Evangeli*schen, nicht ab
handtastliche Finsterniß unserer Schrifft
an den Tag lege, da der Wille GOttes
sere Heiligung gewesen ist, und auch in
bleiben wird, worzu im neuen Bunde a
sondere Weise der Weg eröffnet, und durc
land selbst vorgebahnet worden; und
Evangelische Wille, wo er ja dem Willen
Mosis solte entgegen gesetzt werden, weit
serem ewigen Heyl von uns erfordert, als
seinen Theocratischen Gesetzen hat forde
auch an GOtt in Christo glauben, weit n
ist, und in Recessu hat, als alles præstiren u
was Moses geboten hat?

95. Ob folglich die auf diesem Fuß trö
nene Lindigkeit des *Evangelii*, nach we
in Christo mit dem schwachen Gehorsahm
bigen wolle zufrieden seyn, und nich

dencken, die absolute Nohtwendigkeit, ihm g
förmig zu werden, treiben, und sich nien
wenn sie den Eingang durch die enge Pforte
sen, mit einer faulen Glosse bemühen, wiede
entkräfften und umzureissen, was sie mit ihrer E
nung gebauet, nemlich: so viel menschli
möglich ist, oder, so weit GOtt im Evangeli
seiner Lindigkeit zufrieden ist, eben als ob
im Evangelio, oder im Gesetz, etwas von der E
vor sich selbst suchte, und nicht allein der Creat
stes intendirte, und folglich die Creatur in ihre
horsahm GOtt etwas zubrächte, und nicht sic
zum Genuß des höchsten Gutes bequem mach

98. Ob derohalben die heutigen Lehrer, d
ren Schrifften und Predigten fast jede ernstha
mahnung zur Nachfolge Christi mit dergleiche
suln und Limitationen vergesellschafften, einen
raisonablen Endzweck können haben, als so woh
als in ihren Zuhörern, dem Unglauben und der
lichen Trägheit Küssen unter die Arme zu leg
so gut sie können, zu verhindern, daß keiner mit
Ernst wider die Sünde möge kämpffen, od
Beschämung des fleischlichen Führers selb
rechten Weg einschlagen, zur Ruhe des HE
zugehen?

99. Ob vielleicht so viele unter ihren Zuhö
dem Wege der Heiligung die Sache allzuwe
über menschliches Vermögen zu bringen, möc
Werck begriffen seyn, und deswegen es die
fordere, den indiscreten Eyfer etwas zu mässig

liche und Königliche zwar eintheile
den vermeynten seeligmachenden G
den Mittler, sofern er Hoherpriester
damit nichts von ihm ergreiffen ode
als das so genannte Verdienst in s
Opffer; und folglich denselben als
nig zur Gerechtigkeit und Seeligkeit
oder den Raht GOttes zum Heyl ge

103. Ob der Mittler, sofern er P
nig ist, nicht hauptsächlich die We
fels zerstöhre, und ob es folglich ni
tig, sich seiner Lehre, seinem Exem
Gnadenreichen Bewürckungen zu
er nach Aussage der Schrifft nur d
gehorsahm sind, eine Ursache de
ligkeit geworden ist; ob folgli
glauben etwas anders seyn könne, a
oder ihn so annehmen, wie er zum
ist?

104. Ob der orthodoxe seeligm
nicht vielmehr den Heyland, als S
sich stosse, als annehme, und folgli
alles Unglaubens sey, da von Chri
und begehret wird, als blosse Zurec
gebung der Sünden, und das Reich
unzerstöhret unterhalten bleibet; ×
Thür zum Reich GOttes und den
angelii ewig versperret bleibet, durch
Todt des eigenen Lebens, niemand

× nach der 60 u. 61. frag oder
deß Heidelbergischen Catechismi

Schrifft, Christus als Prie-
nem Himmlischen Vater, zu
aufgeopffert habe, als uns zu-
, oder zu gleichem Tode zu
Process zu führen, in welchem,
zu herrschen, das zuvor mit
e unveränderliche Bedingung

verschämten und geblendeten
s der Heyland für sie gethan
er Statt vollbracht zu seyn,
den, nicht gewiß genug, wie-
werden, daß Er auch an ih-
rlichkeit eingegangen; und ob
her Thorheit und Verdamm-
n, nicht einmahl werden ver-
n in so guter Zuversicht in die
s geführet, und in dem vollen
ihnen eine am Ende zu hoffen-
nachet? ×des Lebens

en die so sorgfältige Zerschnei-
caviret, daß der Artickel der
m Artickel der Heiligung nicht
den, weil sonst alsobald einer
möchte, in dieser sectirischen
greifflich zeige, daß sie weder
noch Heiligkeit verlange, und
ihr so zerschnitten und zertheilet
seyn wird, den gantzen Christum
n seinem himlischen Vater zum
Heyland

Heyland gemacht ist, ohne wider die O
Orthotomie zu sündigen?

108. Ob diejenigen, welche heut zu
fallene Christenthum wiederum aufzuri
dern geschäfftig sind, und doch diese f
verworrene Orthodoxie zu abandonnire
tragen, nicht einen neuen Läppen auf e
flicken, und mehr Mühe und Arbeit find
fleischlichen Gegner die Wahrheit des
diesem verkehrten Satzungs-Kraam
als sie finden würden, die Welt zu Chri
wann sie nur im Glantz der Wahrheit
der unpartheyischen Weisheit, diese con
der blinden Väter nicht mehrt achteten,
terkeit ihres Vortrags zu rechtfertigen,
in dem Ammt Schutz zu suchen?

109. Ob nicht die einige Propositio
tione, quâ justificamur, etiam salvamur, n
in der Formula Concordiæ, als in den
so ernsthafft eingebläuet wird, in ihrem
Sinn genommen, alle Hoffnung abs
Orthodoxie mit der wahren Heyls-Ord
sto zu vereinigen?

110. Ob sie nicht deutlich sagen w
wohl die Seeligkeit, als wie die Gere
fremde ausser uns sich befindende und
Sache sey. Oder, weil diese Zurechnun
keit vor den alten Adam allzu absurd wü
er davon schlechten Trost geniessen; o
durch vest gestellet sey, daß sich das Reich

höchsten Gut, auf ein-
n Maaß, wie Chri-
h selbst erreichet, kön-
nittheilen, gleichwie
chtigkeit Christi durch

gantze Process, durch
seinen ersten wahren
gelanget, als eine un-
) der gute Kampf des
er Sünden, als ein
en werde, da ohne dem
antze Reich der Sün-

losophie, die den tod-
ndert, zu einem Unter-
Begierden macht, oder
hen Todt die Sünde
rden, die doch allein in
Wurtzel hat, nicht eben-
en Glaubens erforde-
1? 42 [illegible] Heidelb. Cat

en Tode nicht mehr
elegt werde, als Chri-
ihren, und das Reich,
zu zerstöhren?

so wohl zum falschen,
lein in der Seele ihren
töhrung der irrdischen
erde dem Geist können
gantz

gantz verrückt und aus dem Sinn geb
und wie dieses begreifflich vorzustellen;
nicht also, ob es nicht von sich selbst fol
den zeitlichen Todt an sich selbst, wed
der Sünden, und der daher entstehenden
bruch, noch dem Reich des Heylandes u
cke der Wiederbringung, ein Zuwachs ko
und daß es auch hier allezeit werde wahr
der Mund der Wahrheit saget: **Wie**
fällt, so wird er liegen. Er wird du
als Todt, nichts gewinnen oder verlieh
Zustand und Character seiner Seelen, d
gehabt, da sie ihr irrdisches Hauß
müssen?

115. Ob das ungöttliche Wesen, u
bundene Herrschafft der weltlichen Lüste
compendieusen Heyls-Ordnung des
nicht directe hersliesse, indem schon alle
und auf unserer Seite nur noch ein klein
zur Danckbahrkeit vor die schon parat li
ligkeit überbleibet, mit einem angefan
Gehorsahm, so viel menschlich und mögli

116. Ob nicht alle Sorge, die Seelig
chen, und in einem continuirlichen Hung
bens und des Gebets von dem Heyland
von dem Reich der Sünden zu begehren
Reich der Liebe wiederum in uns aufzu
einmahl verschwinden müsse, da alles scho
Statt erobert zu seyn geglaubet wird,
uns wartet, bis wir durch den zeitlichen T

er aller Seeligkeit werden geworf-
ir nur glauben wollen oder können,
ich werde zugehen ?

er Glaube nicht Dinge glaube, die
ndglich sind, zu præstiren, nemlich,
eit, oder eine ewige Vergnügung
Gut, auf einmahl an einen verirrten
racht werden, und ein einiger Vor-
ierden auf einmahl werden, ehe noch
verläugnet, und als falsch erkannt
der Geist, der hier sein Vergnügen
rgänglichkeit gesucht und gefunden,
rhafftes Verlangen nach ewigen
durch den Todt auf einmahl diesen
e werde loß werden, und seine Be-
em höchsten Gut aufopffern ?

Himmel-Reich Gewalt anthun,
em Reiche GOttes und seiner Ge-
n, darnach hungern und durften, oh-
as Himmlische in JEsu Christo bit-
ort: alle Begierde nach dem unver-
estreckt, und den Wandel schon hier
n, worinn die ersten Christen ihren
ählung vest gemacht, mit einer so ge-
mputirten Seeligkeit habe stehen kön-
icht vielmehr in diesem Fleiß gesucht,
n Seeligkeit und zur Gemeinschafft
tes durchzudringen, und also in der
nach ihrem Maaß seelig zu werden ?

119. Ob

119. Ob folglich, da heut zu Tag dieses
himlischen Beruffung durch die eingeführte fl
Lehre gantz verrückt, und die Seeligkeit auss
die seelig werden sollen, auf eine absurde Art
und gehoffet wird, eines von beyden nicht ein
machte Sache bleibe, daß nemlich die ersten C
Lufft-Streiche gemacht und vergebens gekäm
der wir heut zu Tag die Schellen an den O
gen, wenn wir uns einbilden durch unsere M
und gemächliche Imputation eben so wohl zu
setzten Ziel zu kommen?

120. Ob endlich, weil es doch den Schr
lehrten nie gebrechen wird, etwas zum Sche
poniren, die Gegner, die sich einbilden mit e
nigen Spruch aus der Bibel ein gantzes Syste
an einander hangender Wahrheiten übern
zu werffen, ohne sich die Mühe zu geben, die
selbst in ihrem Complexu oder Zusammen
untersuchen, nicht eo ipso an den Tag legen,
GOtt nicht kennen, und von dem Geist der
heit, den die Welt nicht empfangen kan, e
im Finstern tappen?

121. Ob diese den Schrifft-Gelehrten f
Art, ihre Sache zu vertheidigen, mit den Max
ner gesunden Vernunfft könne überein komen
viele Propositiones und Notiones der Schrifft
chen exprimiren, nicht wie sie vor GOtt un
erleuchtetem Verstande in der That sich befin
dern wie sie dem schwachen Begriff und blöde
stande des einfältigen Volcks am besten könt

125. Ob das Gebet um Vergebung, Für[b]
Mittlers, und alles übrige, womit die Crea[tur]
ihrer Seite ihre Niedrigkeit, Demuht und [...]
tiges Verlangen nach dem höchsten Gut beze[...]
dem höchsten Gut selbst eine andere Dispositi[o-]
nen zu wege bringen, als die es vermöge seiner
Natur hat; und ob solche Ubungen des G[...]
nicht den grössesten Effect in der Creatur se[l-]
ben, die dadurch auf ihrer Seite Raum un[d]
machet, die ewigen Güter einzulassen, und [...]
genen Hunger des Glaubens desto mehr stä[rken]
mehr sie im Gebet ihn aufzuwecken geschäffti[g]

126. Ob die Fürbitte des Mittlers selbst, [...]
zur Rechten seines Vaters sein Ammt verwa[...]
von dessen Fülle die Schätze des Reichs GO[ttes]
seine Glieder empfähet, auf etwas anders kö[nne]
zogen werden, als auf dieses Empfangen und [...]
len; da allezeit bey dem höchsten Gut viel [...]
Begierde ist, sich mitzutheilen, als in einiger [...]
seyn kan, solches anzunehmen, und folglich [...]
bet nicht so wohl dahin abzielet, den Willen [...]
bers zu bewegen, als das Verlangen des [...]
grösser zu machen? NB

127. Ob vor die Theologos und alle übr[...]
nen ihr Heyl ein Ernst ist, ein anderer [...]
Wahrheit zum Heyl zu erkennen, und d[...]
känntniß vest zu halten übrig bleibe, als [...]
Dingen durch den Glauben der die Welt [...]
in die Gemeinschafft des Vaters und des [...]
zu kommen, in welcher allein das Leben

in Göttlichen Sachen zu fin-

die so genannte Geistlichen co
lebendigen GOTT, und dem
n Religion an den Tag gele-
liquien und Schrifften der er-
cipalsten Vorwurff ihrer Er-
in deren Erklährung und Be-
loment ihres Wissens suchen,
e und der wesendlichen Quelle
nter dem Schein solche zu su-
d nie zu Christo kommen, um
l und Leben anzunehmen und

v. 39. 40.

olatria, oder Buchstabens-
man das Bild dem Wesen
en Erkänntniß mehr Gewiß-
Besitz der Sachen selbst, et-
Papisten Anbetung der Reli-
es Umschweiffen und unseeli-
endem Wissen etwas anders
ls stoltze Heiligen, und in ei-
ge Schwätzer, die zwar lan-
esen geformte lange Gebeter
ht aus dem Hertzen, können
o den ungeübten in den We-
n Dunst vor die Augen ma-
von Geist, Krafft und Glau-
einigung ihrer Seelen unter
vergessen?

130. Ob,

130. Ob, wo wir nicht von den ersten W
Christenthums, oder von der wahren Heyls-L
in Christo, gantz abgewichen, und GOTT
Christo, oder die Quelle der Wahrheit und de
hafftigen Lichts verlohren hätten, wir nicht n
zu Tage im Stande solten seyn, eben so gött
gewiß zu reden und zu schreiben, als die Apo
ersten Nachfolger des Heylandes gethan: ma
dann supponiren, daß GOTT selbst die erste
verlassen, die Menschen seelig zu machen, un
ner Gemeinschafft vor allem Irrthum und Be
bewahren?

131. Ja, da die ewigen Schätze des Reichs
tes unerschöpfflich, und in alle seelige Ewigke
immer weiter und klährer entdecken werden, ob
möglich wäre gewesen, in der Erkänntniß noch
zu kommen, als die ersten Christen, und mit m
Klahrheit und Gewißheit vieles nun darzulege
jenen noch verborgen geblieben, wo nur die G
schafft des höchsten Gutes unser unverrücktes
blieben, und die unverletzte Liebe der ewigen
uns deren Einfluß beybehalten hätte?

132. Ob der Geist der Wahrheit, den die
nicht empfangen kan, nicht absolute nöhtig s
Schrifften zu verstehen, so von dem Geiste der
heit eingegeben, und wo dem also, ob nicht no
dig der im finstern tappende Leser, so lang er n
Welt gehöret, oder deren Lüsten ergeben ist, du
Schrifft alle seine vorgefasste Irrthümer werde
zu bevestigen, und die Schrifft zu seinem eigene
derben verkehren? 2. Pet. 3. v.

fast allein gründen, und sich wunderli
len, wenn die Bibel ihren Fingern und
fig ist?

136. Ob, da auf oben erzehlte A
seinem Gnaden-Reich und in dem W
Creatur durch ein falsches Evangelium
ja ausgerottet worden, die falsche u
Huren-Kirche nicht nöhtig gefunden,
dern äusserlichen Christum und ein
Heyls-Ordnung zu schnitzen, oder Ch
den Schätzen des Evangelii unter äuss
und Mittel einzuschliessen, damit ja
Christus, ein Heiliger Geist, und was so
als nöhtig wird angepriesen, in der K
bleiben, ohne daß er in dem Mensch
Werck habe?

137. Ob diese geistliche Zauberey
tion da man sich und andere persuadire
hergesagte Worte der Schrifft Chris
Heiligen Geist hinzubringen, wohin
will, und sacramentliche Vereinigunge
zwischen Brodt, Wein und Wasser,
geistlichen Gütern des neuen Bundes,
durch die himmlischen Güter selbst denen
den mitgetheilet, und darin über das Böse
nicht meritire eine Schwärmerey alle
mereyen genennet zu werden; da es ja eine
te Sache ist, daß die ersten Christen durc
Nachtmahl keine Christen erst gemache
schon durch den wahren Glauben in die G

n waren, durch dergleichen äusser- emeine aufgenommen, und zum ver- ng admittiret?

Versicherung der Kindschafft aus der , und die aus dem Gebrauch des chöpffte mehr als fleischliche Ver- ns GOtt unsers Ungehorsahms gelten lassen, nicht der Schrifft ehe, die allein den Heiligen Geist zum bes macht, und dessen Ammt nicht in nd Zudecken der Sünde, sondern in Tilgung derselben zu bestehen an-

Sacraments-Heilige, oder von den Gütern des Reichs GOttes entfernte die alles, was nur von der innerli- und Herrlichkeit des Reichs Christi rühmt wird, vor Phantasterey und sschreyen, nicht Teuffels-Larven wo es möglich wäre, alles suchen den htig zu machen, was sie zur wahren hret; die aber niemahls durch der- o weit werden verführet werden, daß Gericht Essen einer wahren Speise ?

Sacramentliche Vereinigung Christi Geistes mit dem Buchstaben, Was- Wein, die so leicht kan zu wege ge- nicht, wo man die Natur der Sa- et, viel mehr Unmöglichkeit und Be- schwer-

schwerlichkeit in sich fasse, als die Vereinigun
und des Heiligen Geistes mit einer gläubiger
Daher es dann gekommen, daß jenes leicht
ser allen Zweiffel und Irrthum gesetzt; dies
wo nicht vor gantz unmöglich, doch vor was b
liches und gefährliches angesehen wird; wo n
das Interesse des alten Adams hierunter versi
mit dem sacramentlichen Christo und Heilig
besser kan zurecht kommen, und ihn brauchen
und wie er will, dem Heylande aber in sich sel
Herrschafft lassen muß, will er ihn bey sich b
und durch ihn zum Vater gebracht werden?

141. Ob man nicht in der Praxi selbst malà
sehr cavalierement mit diesen so hoch erhabene
den-Mitteln zu Wercke gehe, indem man n
Calender in einem gantzen Jahr nur etwan d
aufs höchste viermahl diese Seelen-Speise g
da, wo es wahr wäre, was davon gesagt wird,
meritirte aufs minste alle Woche, wo nicht a
genossen zu werden, will man anders nicht g
daß vor die Seele zu sorgen was geringers w
vor den Leib?

142. Ob nicht die Priester, die sonst sehr h
diesen äusserlichen an Zeit und Ort restringir
ligthümern halten, eben so wohl eine Sacr
Schwärmerey daraus machen würden, wenn
in guter Einfallt, conform ihrer Lehre, um seine
ben zu stärcken und Christum zu geniessen, a
die Communion verlangte, als wenn er ga
Hunger und Durst darzu bezeugte! wie i

en Exorbitance der Orthodoxie er-
wegen allzu offt wiederholtem
auch verkätzert worden, und in den
wärmer gerahten?

eser Conduite der Prediger nicht
den, daß sie selbst diese Heyls-Mit-
n, und sich vor der Superstition
n, wo sie nach dem Innhalt der
it Ernst exerciret werden, oder ü-

der gantze Kraam der so hoch er-
ie nicht eine pure Statisterey der
mit allem Recht könne genennet
adurch ihr Interesse, Ansehen und
; und selbst alsobald ihre eigene
allezeit zu reformiren und zu re-
, so bald sie über die beliebte Me-
oditàt von dummen Leuten möch-
rden?

edicat, so der Apostel einem Kä-
ey αὐτοκατάκριτος, ein Mensch,
urtheilet, jemand in der Welt
eleget werden, als denen Ortho-
rgere Schwärmerey in der Welt
den, als wenn dergleichen Leute
wohl, als Blindheit gegen die
n Bauch den Todt drohet, sich
und in ihr Orthodoxes Horn

146. Ob all ihr Geschrey, wo
lichem Zwang und mißbrauchter
ten Obrigkeit unterstützt würde
Nachdruck erhielte, nicht von jed
lacht und vor eine Wuht der ra
angesehen werden, die andern gebi
zu halten, was vor ihren eigenen
Zweiffel lieget?

147. Ob diese gantze Conduit
zeige, daß dergleichen Lehrer und
ohne Christum und ohne GOtt i
und nohtwendig Schwärmerey
der Welt müssen stifften, weil sie
ständniß nach, den Geist Christi i
nöhtig haben, als nur so weit er
hat lassen unter gewisse äusserlich
wo es nur wahr wäre, und die
könnten?

148. Ob sie darum sich mit
nen, wenn die Enthusiasten und
höchsten und unbegreifflichsten
von der Welt halten, der alle
der Orthodoxie sehr weit weit üb
solcher *Orthodoxus* GOTTE
predigen, und die Menschen zu
oder daß die Schrifft in dem
allezeit ein kräfftiges Mittel der
sie schon, wie vom Satan selb
eingesehen und appliciret werden
bey andern keine andere Früchte

ehrten selbst gewürcket, der auch
bringen gedencket, als wohin er
h vorgesetzt?

halben nicht viel sicherer sey, all-
daß die ärgste Schwärmerey und
Abfall von dem lebendigen GOtt
itzes Schein-Werck, bey der Or-
em publicè auctorisirten Ministerio
e es zu den Zeiten des Heylandes,
Zelt gewesen; und daß allein das
htig habe, durch weltliche Gewalt
n, weilen ihm die Conviction oder
ellen Wahrheit manquiret, einen
ll zu finden?

von der Obrigkeit vor die Wahr-
t die gantze Sache desperat mache,
den Thron setze; und ob jemahls
osoph, sich und sein angenomme-
thodoxie zu retten, auf solche Art
iret haben?

folglich mit einiger Raison und
en einen einigen so genannten Fa-
wärmer könne disponiren zu glau-
n, daß die ordentlichen Priester u.
Christi und keine falsche Propheten
der falschen Propheten und Ver-
n bey ihnen zu finden, und sie selbst
ch bekennen, den Heiligen Geist,
erklähret, und in alle Wahrheit lei-
nicht nöhtig zu haben, ja, um keine
Fa-

Fanatici und Enthusiasten zu werden, s
Einwohnung bey nahe, als vor einer
Gifft fürchten?

152. Ob der verdrießliche Satz der
daß, wo kein **Mund GOTTES,**
Wort GOttes; und wo Christus
in und durch den Lehrer redet,
Christ seine falsche Gauckeley treib
nünfftiger die Sache exprimire, als der
che Glaubens-Articel der Orthodoxie
chem ein Sclave des Reichs der Finstern
des Teuffels von GOTT kan gesan
Reich der Himmeln zu verkündigen, u
schen in die Gemeinschafft des höchst
führen?

153. Ob nicht alles Geschwätz der C
mit sie vor den Augen solcher verführte
die ihnen zu Gefallen glauben, was sie
ster, selbst nicht glauben, noch glauben
Ammt und dessen Regalia groß zu m
auf einmahl von dem Apostel Paulo, u
land durchstrichen und vernichtet werd
ner sich und sein Ammt zu rechtfertigen
dürffte nicht etwas reden, wo
nicht durch mich thäte, die Heyd
horsahm zu bringen durch Worte
cke; Dieser aber alle, die ohne ihn u
wohnung lehren, und die Schaaffe f
als Diebe und Wölffe angiebet; ode
dem sehr empfindlichen Creditive den

Früchte des Glaubens,
Früchte des Glaubens ble
bet das Creutz oder Verf
lange das Creutz bleibet,
Gebet oder die Anruffung
das Gebet bleibet, blei
Hülffe.

Wie diese Kette mit der he
doxie der Lutheraner zusam
sonderlich mit dem beliebten
bens-Artickel, de Ministeri
mögen diejenigen darthun,
was gelegen.

Zu finden in C. [illegible]
[illegible]
[illegible] Cap. 5. p. [illegible]

Christiani Democ

Grund=

zu einem solchen

Systemate Theol

welches die Blösse aller S

den Abfall von der einigen

klar vor Augen leget

oder

worinnen das wesentliche der

durch eine continuirliche De

selbst der Vernunfft begreifflic

und gegen alle sectirische Unv

unpartheyisch vindicir

wird.

Ehedessen dem hell=polirten

Spiegel vorgedruck

nun aber, die vorhergehenden Frage

licher zu verstehen, dem Publico z

aufs neue dem Druck

übergeben.

GOTT mit dem L

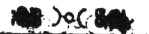

D Emocritus præsentiret, nach se
schweigen, einen Grund-R
Systemate Theologico, welch
aller Secten und den Abfall von der eini
so wird vor Augen legen, daß auch die A
in diesem neu-gebahnten Wege sicher
die Unvernunfft so wohl der Atheistischen
der Verwirreten Babel-kindische Gr
beurtheilen und vermeyden können:
zugleich abzunehmen, daß Er in sei
Schrifften noch nicht alles gesagt, wa
heit der Sachen erfordert, und daß
meisten Leser Geschmack sich mehr a
als man Ihm hätte können zutrauen.
ches, dessen GOtt sein Zeuge und Rich
nicht aus einem Kitzel, was neues und
zu sagen, sondern aus Liebe gedrungen
seiner Brüder, die, wenn sie schon von
nete Augen haben, den Grund werden e
aus dieses geflossen; wo sie aber in Athei
Klugheit sich schon verstiegen haben, au
erkennen sollen, daß dieses Systema besse
hange, als ihre mehr als tumme Fratze
lich, wo sie blinde Sectirer und Eyfer
Meynungen sind, so viel hier sollen fasse
ihrem Circul confus gemachet, glau
daß die Wahrheit allgemein sey, wie

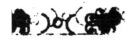

nd daß es ordinairement tumme
e eytele Conceptten sind, wofür
treitet, und, als trunckenen und
rfähret, offt mit seinem eigenen
Man erfordert aber zu dem En-
n Sorten, daß sie mit Bedacht
st lesen und fassen lernen, ehe sie
st die gantze Wahrheit der Theo-
urlichen Ordnung so connectiret,
das letzte, und das mittelste ohne
nnen völlig gefasset und verstan-
keiner, der hier zum Ritter wer-
s wird können antasten, ohne alle
n. Wiewohl man sich bescheiden
die wenigsten Leser werden im
Sinn zu fassen, weil sie in ihrer
n Lichte geblendet und confundi-
sich derohalben gerne vergnügen,
eyerley Sorten von Geistern nur
en das suchen und finden, was der
n Menschen in der Welt von Her-
gönnet. Er ist nicht in willens,
n zu fechten, sondern wird allen mit
erste und letzte Wort gönnen, es
nd in Ernst, und aus Liebe zur
terrichten wollte, oder weitern
n verlangen. Denn die Sachen
en so evident, daß er persvadi-
lich in der Welt einen vernünff-
inden, der diese Wahrheiten in
ne, wo nicht die allzu kurtz gefasste

fasste Abhandlung hier und da einige Obs
wecket, und deswegen erfordert, mit Ge
Fragenden weitere Instruction zu geben,
allezeit willig wird erfunden werden; wo
leicht ein anderer Freund der Wahrheit sich
he wird nehmen, zum Heyl des Nächsten,
tzen Entwurff weiter auszuführen, und ge
Anlauff fest zu setzen. Es widerspreche dan
will, wir setzen hier, was wir glauben, ja was
sen und erfahren haben, wahr zu seyn, und zu
Glückseeligkeit führen zu können. Wir th
deutlicher zu gehen, das gantze Systema i
Articul und Sätze ab, deren der erste,
minaris, nur einige Præjudicia aus dem W
met, die folgenden aber das Systema unser
logie selbst absolviren, und die geistlichen
darlegen, wie sie in der That sind, ja nic
seyn können. Wir nehmen unser Zeugniß
wesendlichen Schatz der Wahrheit, und gla
bekennen dieses nicht, weil wir es gelesen,
weil wir es wissen, ob wir schon noch nicht
he bey besitzen. Wer dieses uns nicht zutr
komme und sehe, was hier zu finden, und
dann, wo es sonst anzutreffen, oder von welc
de diese Blumen gesammlet, und so in ihre
chen Ordnung rangiret gestanden. Er u
sich dabey, und bekenne für sich selbst,
mahls etwas fürgekommen, das ihn meh
ciret, und die Schuppen, oder Vorurthei
nem Gesicht genommen, und wenn er die
so mißgönne er andern forschenden, und

Vergnügen nicht, daß sie hier Ge-
ich aus so vielen Scrupeln zu ex-
nohtwendig das elende Gezeug al-
sen erwecken, und fast die gantze
istlichen Religion zweiffelhaft ma-
culativen Geistern, deren jetzt die
und die keine Sclaven von väter-
wollen seyn, einen festen Grund
ir ihn nach langen Umschweiffen
t jetzt unser vornehmstes Ziel; fin-
uch ihre Speise, so ist es eine
cirenden Wahrheit, die den Ein-
en stehet, gleichwie die Sonne den
und beleuchtet, der ihre Grösse und
net, und ihren Lauff nicht verstehet,
hilosophum und Mathematicum,
ezeit unerschöpfflich bleiben wird,
en mit nach dem Maaß des Glau-
e, womit er ihm anhanget, und
uns allen, alles was finster ist!

r heiligen Schrifft.

Schrifften sind Zeugnisse von GOtt
Wercken, aufgestellet von Men-
er solchen, die Gemeinschafft mit
dere Menschen zu unterrichten, wie
lich als ewig vergnügt und glück-
en. Diesen Zweck zu erhalten, leh-
peculative Wahrheiten, oder Phi-
losophi-

losophische Notiones, und Concepten
chen selbst genommen, sondern appli
die schon recipirte menschliche und ir
denen Sachen, die sie wollen kund
solches alle Theologi aus allen Secten
und gestehen müssen. Die Heiligke
θεοπνευστια, oder göttliche Eingebun
fliesset allein aus dem allgemeinen Re
und des göttlichen Lichts, welches al
Frommen in ihrem Maaß besitzen, au
phetische Gesichter und Entzückungen
folglich an sich nichts violentes, oder
und admittiret ihre Gradus, oder Stu
Wachsthum des Reichs der Gnaden
Creatur, so daß ein heiliger Schreib
dern ohnfehlbahrer ist; JEsus Chri
nen Aussprüchen, gleichwie in seinem
gantz unfehlbahr, weil die Fülle der G
leibhafftig gewohnet, und kein Præj
gefaßte Meynung, seinen, als der ein
Verstand und Willen hat benebeln
aber die heiligen Schrifften, wie wi
Bibel haben, allein als canonische Bü
nommen, und zur Richtschnur de
wohl, als des Wandels gesetzt word
und Menschen-Betrug, weilen GO
nicht aufgehöret, in den Menschen z
folglich göttliche Reden und Schrif
stellen, und es ohne dem an sich selb
Wahrheit aus Schrifften, als ihrem
zu schöpffen, da doch die Schrifften

wesentliche Wahrheit in den Schreibern zum Grunde gehabt, und folglich nicht ein Baum und Wurzel, sondern eine Frucht der Wahrheit sind; der Baum aber, oder die Quelle, nemlich GOtt und sein Geist, jetzt eben noch so nahe sind, als sie denen Propheten und Aposteln gewesen, wo wir nur in ihren Fußstapffen wollten einher gehen, und GOTT sammt seinen ewigen Gütern über alles lieben und suchen. Weil aber dieses letztere durch den Abfall unter uns frembd geworden, so ist es in so weit billig, daß wir das Zeugniß dieser ersten Zeugen der Wahrheit höher halten, als solcher Leute, in denen sich die Krafft GOttes und der Wandel Christi in solchem Maaß nicht findet; nur muß dahero dem Ausfluß der wesendlichen Wahrheit, in allen, die GOTT suchen, kein Riegel vorgeschoben, sondern festiglich geglaubet werden, daß GOtt noch der alte GOtt sey, und sich allezeit allen auf gleiche Weise mitzutheilen anbiehte, und daß derohalben zu unseren Tagen, und auch die, so nach uns kommen, eben so tüchtige Gefässe seyn können, als die ersten, GOttes Krafft und Weisheit zu entdecken; ja dieselben, wo es uns ein Ernst wird seyn, in allem noch zu übertreffen, weilen alle Erkänntniß von Tagen zu Tagen ihre Stuffen admittiret, und in Ewigkeit admittiren wird, indem das Wesen, und die Wercke GOttes, in Ewigkeit nie von uns endlichen Geschöpffen werden können gantz erschöpfft werden. Man prüffe dann die Wahrheiten aus der Wahrheit selbst, die uns allen nahe, und in dem Munde so wohl, als in dem Hertzen ist, und glaube, daß GOTT noch mehr von sich und seinen

Wercken

Wercken kan bekandt machen, als
oder geschrieben worden. So gibt
ihr gehöriges Lob und Ehre, und
geschriebene dahin, daß wir die
Quelle der Wahrheit selbst suchen un
dann in der That erfahren, daß
mahls noch entdecket, was GOT
und denen geben kan, die Ihn wah
suchen und lieben.

Von GOTT und seinen Eigenschafften.

GOTT ist ein in sich selbst beste
Glückseeligkeit von sich selbst besitzen
eben darum das höchste Gut,
Denn nichts ist an sich selbst gut, al
etwas empfängt, oder zu empfan
hingegen aber sich selbst an andere
ohne von seiner Seeligkeit etwas zu
dieser Allgenugsamheit, des in sich
göttlichen Wesens, fliessen die Ei
man eigentlich GOTT, als GOT
nemlich: Unendlichkeit, Allw
Allmacht und Liebe. Unendlich ist
Geschöpffe, deren Zahl und Maaß
erreichen wird, aus Ihm herfür geb
Ihm getragen oder unterhalten wer
aus eben dieser Ursache; denn weil
nem eigenen Wesen kennet, und sich
und eben darum der Allerseeligste

verden Ihm seine ausgewürckte Creaturen,
eitem sein Wesen noch nicht erschöpffet ha-
weniger verborgen seyn. Allmacht aber
ein, weil Er das höchste Gut ist; und in so
nag er nicht allein andere Wesen fortzu-
durch die Schöpffung, sondern sich auch
nachdem sie von Ihm abgewichen, mitzu-
venn sie Ihn suchen, und als das höchste
men. **Zwang und Gewalt kan GOtt
hen sich mitzutheilen, Er würde sonst
das höchste Gut zu seyn, oder mit
ht wollen erkannt werden.** Alle denn,
Ottes Gewalt und absolutem Willen rai-
ls von einem Monarchen, oder Souverai-
Welt, die haben närrische Concepten von
sen GOttes, und bringen, an statt einer
menheit, ein Meer voller Defecten und Un-
enheiten, in das Wesen GOttes. Weil
das höchste Gut ist, und allen kan geben,
chst weise ist, und allen kan rahten, deswe-
t ihm allein der Nahme eines HERRN
rren zu, und das Recht über alle zu herr-
ht aber, weil er alle beleidigen, und allen
an, oder sie par force nach seinem absolu-
n beugen; denn in ihm ist kein absoluter,
ferenter Wille, sondern sein Wollen flies-
nem besten und höchst seeligen Wesen selbst,
d bleibt in Ewigkeit zu Ewigkeit allezeit
der eine **Begierde, sich an andere mit-**
, deswegen nennet Ihn Johannes **die Lie-**
Weil aber die in den Abfall gerahtene
und

und verblendete Creatur, die nun ihren A
Medicamenten nicht erkennet, den Effect
teren Liebe und gütigsten Weisheit verke
und die nohtwendigsten Medicinen vera
hat sie in ihrem blinden Urtheil noch and
schafften GOTT angedichtet, und glau
zornig, rachgierig, gerecht und eyfe
darum, weil man seinen Willen n
und die heiligen Schrifften accommodire
nach diesem Begriff der Blinden und E
den GOTT für, als einen HERRN,
selbst willen Gesetze gegeben, und Gehor
dere; Ja der gar deswegen die Menschen
um von ihnen geehret und gefürchtet zu se
ein grosser Monarch Obedientiæ Gloria
ren; welche Concepten aber in der
Grund in dem Wesen GOttes haben,
sehr elend und unvollkommen würden dars
sie vernünfftig erwogen werden; Denn es
auf solche Art durch die Creaturen in sein
verändert worden, und hätte in der Zeit
nommen, was Ihm, als dem höchsten
zukommt; Er müste seine Glückseeligkeit
selbst besitzen, sondern dieselbe erst durch die
se und deren Dienst ausser sich vermehren
terdessen können solche schwache Ideen vo
dennoch denen Menschen darzu dienen, da
blindlings gehorsahm sind, und sich also
Masquen und Buß-Männer auf den W
in welchen sich das höchste Gut ihnen kan
und endlich GOTT, als GOtt, ohne

atten erkannt werden. Es ist auch heylsahm, zuweilen absoluta nöhtig, daß man die mehr viehisch tumme Menschen durch erweckte Passio- von Furcht und Hoffnung in Ordnung setze, bis ich der Verstand so weit komme, daß sie den heyl- nen Zweck erkennen, und die Kinder-Conduite gen können. Aber dieses ist allhier, als eine cht der Blindheit an den Lehrern der Secten unter Christen zu beklagen, daß, ob sie zwar erkennen bekennen, daß dergleichen Attributa meistens TT nicht eigentlich zukommen, sondern nur menschlicher Weise von ihm in der Schrifft ge- werden, sie dennoch den gantzen Kraam ihrer ologie fast allein auf diese Attributa ανθρωποπά- gebauet, und damit ihre Religions-Verfassung surd gemacht, daß es kein Wunder, wann die rständigen aus der Religion selbsten, wie sie or- ir profitiret wird, die Principia Atheismi sau- , und sich über die tumme Einfallt mocquiren, wir in folgendem diese Confusion werden noti- und durch solche Disteln und Hecken einen ge- en Weg bahnen.

on der Seele, oder dem vernünff- gen Geist, der GOTT erkennen, und in Ihm seine Seeligkeit suchen und finden soll.

lle lebendige Geschöpffe, die sich selbst hier empfind- sind, und auch von Sachen ausser ihnen auf eine pfindliche Art afficiret werden, sind so gestellet, daß sie

Leben, die Seele, oder der Geist, wie man
ennen kan und will, in sich selbst unzerstöhrlich ist,
doch in und aus sich selbst keine Vergnügung und
ligkeit hat, sondern solche in Dingen ausser sich
en und finden muß, so ist es vor aller Augen klahr
offenbahr, daß der Grund der ewigen Quaal
der Höllen-Pein das Leben an und vor sich selbst
wo ihm seine Speise und Vorwürffe entzogen
den; und daß deswegen ein vernünfftiger Geist
Natur sich dahin zu bestreben hat, daß er sich mit
hen Vorwürffen vereinige, die nach dem Tode,
Hinfallen des äusseren zerbrechlichen Leibes, sei-
Sinnen præsent bleiben, und ihn immer vergnü-
können. Und daß ein solcher Hunger von Natur
cklich in unserm Geist sey, der uns lehret, nicht
Genuß dieser vergänglichen Irrdigkeit geschaffen
eyn, sondern ein Leben zu besitzen, das in GOTT
st, und in den ewigen Dingen sein Vergnügen su-
muß, kan ein jeder, er sey auch so verdorben und
ial, als er wolle, in sich empfinden und fühlen;
n der Genuß aller Lüsten dieser Welt, der Augen-
t, Fleisches-Wollust, Geitzes und Hochmuhts,
en seinen Hunger nimmer in Zufriedenheit, es heis-
mmer plus ultra; je mehr da ist, je mehr die Be-
de, mehr zu haben entzündet wird, und der Un-
ht in der Seele wächset stets, daß sie sich mit solcher
n Speise schleppen müsse. Sind aber einige in
ser Welt so glücklich, oder vielmehr versclavt, daß
Gelegenheit finden, sich immer aus einer Thorheit
die andere zu werffen, und folglich ihrem verwilder-
Geist continuirliches Futter zu schaffen; so machet
sie

sie doch die Furcht vor dem zeitlichen
nuirlichen Knechten; welche Furcht kei
wird, als der durch das Irrdische hindu
und was soliders zur Speise gefunden
diese Furcht vor dem Tode, auch bey
testen Atheisten, die alle ihre Unvernu
gezogen, sich zu bereden, ihr Leben, Beg
fühl höre mit Ablegung des Leibes a
uns abermahl, daß unser Geist sich se
kenne, daß er ewig sey, und sich deroha
te, dieses zeitliche Futter durch den To
und alsdann in einen continuirlicher
Mangel gesetzt zu werden, beraubet vo
der irrdischen Lüste so wohl, als der
aus den ewigen Gütern, die er hier n
gesucht, viel weniger gefunden hat, und
Tode des Leibes, zwischen GOTT un
in seinem eigenen Leben und Begierl
und bloß wird stehen: welches, wie g
Stand der Verdammten, oder die we
und ewige Quaal ist, die in sich selbst
kan aufhören, so wenig der Geist kan a
bendiges Geschöpff zu seyn, es sey denn
in seiner ewigen Liebe gefalle, sich und
von neuem an solchen Geist bekannt
mitzutheilen; wie aber, und wann so
schehen, soll unten weiter berühret werd

[...]fall von dem höchsten [...]on der Sünde, worinnen [...]lich bestehe, und woher [...]e gekommen.

[...] der Irrthum, so jetzt unsern Geist
[...] dem wesendlichen Gut dessen Be-
[...] hingegen an das vergängliche fest
[...]dtastlich, daß der Mensch in sol-
[...]t könne geschaffen, und noch viel-
[...] Elende erschaffen seyn, soll anders
[...]öchste Gut erkannt werden, und
[...]lle Seeligkeit und Vergnügen be-
[...]GOTT dem Menschen durch die
[...] solchen fast unendlichen Hunger
[...]bens-Feuer, oder die Begierde sei-
[...] gemacht, daß sie in den Dingen
[...]uiesciren und völlig vergnügt seyn
[...]ung lehret; so muß er solchem Le-
[...] ein proportionirliches Futter und
[...]en, worinnen das Leben völlig ver-
[...]t seyn können. Es ist denn sicher
[...]nünfftig zu begreiffen, daß der erste
[...] nicht nur in der Creatur hie und da
[...]n der Güte GOttes zu seiner Ver-
[...]ssen können, sondern auch, und
[...]ie Vergnügung seines Lebens in
[...]s selbst, oder in den ewigen Din-
[...]e ihm aber diese Speise wiederum
[...]en, sein Verstand verblendet, und

seine

seine Begierde gantz in das Irrd
fesselt werden, ist eine Frage, w
sten Geister ihren Witz verlohren
Lösung aus einer Absurdität in di
len man überall schon viele Præsu
fassete Meynungen von GOTT
ten und Wercken, als ungezweifel
Grunde geleget gehabt, und dahe
ne Anstoß in dieser intricaten
Wercke gehen. Wir wollen,
den Knoten so auflösen, daß ein
stand kan und will gebrauchen,
Meynung könne allein dem forsch
ges Vergnügen geben. Wir s
höchsten Gut gefallen, ja da
und vor den Menschen selbst gut
luß seiner Seeligkeit dem Men
[illegible], um ihm durch dies
machen, daß er, als ein Geschö
nicht in und aus sich selbst bes
andern [illegible] müsse abhang
vergnügt zu seyn. Dieses zu
schen absolute nöhtig, damit er
Creatur, seine Begierde und
dem Schöpffer, als dem höchste
en, und dadurch in Ewigkeit
gung und Seeligkeit für sich e
In diesem Statu Tentationis,
de der Versuchung und des
den Menschen probiren, und
eine empfindliche Weise zeigen

diese Probe ware nicht
zum Fall sondern zu ih
Jac. 1. v. 13. Syr. 1. v.

ch Verführung des Teuffels (der eben auf
n Weise ohne Zweiffel zuvor probiret worten, die Zuversicht und den Glauben auf
sichtbahre fahren zu lassen, und das völlige
n des Geistes durch die äussere Sinnen in
hren Dingen zu suchen, und sich also durch
Irrthum zu verderben, oder in den völ-
ll von dem höchsten Gut zu stürtzen. Denn
t nur erst den Anfang gemacht hatte, sich in
nercium der sinnlichen Seele zu begeben,
eselben die Lüste aus den irrdischen Dingen
, so konnte er nicht anders, als immer wei-
n höchsten Gut abweichen, und endlich das-
en Idéen fast gantz verliehren. Denn er
, als ein hungriger und nie satter Wolff,
Divertissement in das andere begeben,
er noch nie ersättigten Begierde endlich sol-
h in seine Vernunfft bringen, daß er viel e-
d, und viel unvernünfftiger, als die übrigen
unden werden, in Erwählung dessen, was
und Vermeydung dessen, was ihm scha-
ieses eben deswegen, weil er nun mit seiner
n einem fremden Climat und einer dürren
cum vagiret, da er immer suchet, und nim-
als nur so viel, das die Begierde zwar mehr
ben, nie aber sättigen; denn der Grund
er seines Lebens ist so unendlich groß und
nichts, als die Seeligkeit des Wesens
ost, ihn füllen und vergnügen kan. Daß
Leben des Geistes selbst die Freyheit liege,
n Vorwürffen dieses oder jenes Guten zu
deter-

determiniren, und dieses für
daß hier die erste Ursache, o
Ruder führe, ist daher gantz kl
Individuum, oder sonderliche
nes umschräncktes Wesen ha
eigen Würcken und sein eig
Denn wenn dieses nicht so w
nünfftiger mit dem Spinosa zu
se kein Wesen, sondern nur
nes und theatralische Vorstell
sens wären, und nur ein einig
der Natur sey, das sich in ders
in unendlichen Figuren und
zeiget. Es geben auch die
Unvernunfft ihrer Concepten
nen, wenn sie der Creatur d
wollen zuschreiben, und doch
ihr eigenes und besonderes W
vergnügendes und widriges
seelig oder unseelig seyn könne
gehender, oder eigener würcke
tur, sie könnte ohnmöglich i
den Vorwürffen einig Vergn
schöpffen, weil die Acquiesce
gen nohtwendig ein Annehm
und der Widerwillen ein von
get. Wenn alsô GOTT,
einige würckende Principium
wie so wohl der närrische Sp
Malebranche, sammt den
nanten, ein jeder in seiner eig

eisen geschäfftig sind; so kan und muß er auch das
nige Principium receptivum aller Leydenschafften
d widrigen Gefühles in der gantzen Natur seyn, das
, ein ungeheures *Monstrum*, zusammen gesezt
on allem Vergnügen und Leyden, immer see-
, immer unseelig; mit einem Wort, ein solcher
OTT, gegen welchen ich mich noch vollkommen
d vergnügt billig rechnen könnte. So beruhet
nn nun die Sünde, oder der Abfall von dem höchsten
ut in dem eigenen Lebens-Grund des Geistes, wel-
er durch Lüste in Irrthum sich verderbet, und seine
egierde auf ein falsches und unzulängliches Gut,
s ihn nimmer vergnügen kan, gewendet hat; des-
egen denn die Sünde nicht nur eine Privation, son-
rn eben so wohl, als die Tugend und die Liebe zum
chsten Gut, etwas positives und reelles ist; denn die
rckende Ursache, oder das eigene Leben, ist ja was
sitives, der Hunger, oder die Begierde zum falschen
ut, eben was positives, und das falsche Gut, oder
Vorwurff der Begierde, gleichfalls in sich was
elles, ob es schon in Regard der Intention des Gei-
s, der darinnen sein Vergnügen finden will, was
rügliches und unzulängliches ist. Ferner siehet
an hieraus, daß die Sünde in ihrer Wurtzel auch
ne alles gegebene Gesetz, würde Sünde gewesen
n, und den Menschen ewig unglückseelig gemacht
ben; und daß das Gesetz nicht um des Gesetz-Ge-
s willen gemacht und eingeführet sey, sondern um
Creatur willen, als ein Medicament und Consilium
dicum, um etwan deren Abweichung von dem
hsten Gut vorzubeugen, oder dieselbe wiederum
aus

aus dem Abweichen zurück zu
Wort, es ist, wie die Schrifft sa
ben, oder zum Nutzen der Cre
ihrem Wohlseyn zu conserviren
die Straffe, so aus der Sünde
nohtwendig durch eine natürlic
von der Creatur abzukehren, n
Artztes folgen, und sich wieder a
gnüglichkeit zu dem höchsten G
Straffen oder natürliche Früch
Abfalls, wir nun kürtzlich beleu
len, daß von GOtt, dem höchst
Straffe der Sünden, als die S
lich kommen könne.

Von den Früchten der ihren Ausbrüchen, Sünden zeitliche Straffe ausm

Hier muß alsobald der Irrth
Unart der abgewichenen Creat
hen und notiret werden, welch
und ernstlichen Mittel der ewig
Weisheit brauchet und erfund
Zaum zu halten, und deren A
vor eigendliche Straffen der S
sind allgemeine Land-Plagen
gungen: Hunger, Pest, K
Rache, Wasser-Fluht, Sturm
liche Tod selbst, und alles,

dem eigenen Leben beschwehrlich und widrig ist. Denn ob schon dieses unserer blinden Vernunfft als eine Rach-Straffe des erzürnten GOttes fürkömmt, ob es auch in der Schrifft selbst dem tummen Volck also wird fürgestellt, so ist es doch in der That eine der grösseten Wohlthaten, die GOtt der Creatur, in ihrem ausgelassenen Lauff zum Verderben beweisen kan, um sie in sich selbst zuruck zu führen, und ihren Geist auf die ewigen Güter zu lencken; ja es würden ohne dergleichen Zwang-Mittel von denen wenigen, denen sie in der That zum wahren Heyl beförderlich sind, noch kaum der hunderste Theil erhalten werden, wo allein durch den Geist und das Wort der ewigen Weisheit, ohne solchen Ernst, die Gemühter sollten von den irrdischen Banden loß gemacht, und, das ewige zu suchen, angetrieben werden. Ich nenne solche Züchtigungen Zwang-Mittel, nicht in dem Sinn, als ob sich das höchste Gut auf seiner Seiten durch Zwang könne oder wolle mittheilen, sondern weil solche Mittel dem gebundenen Geist mit force sein gewöhnliches Futter entziehen, und ihn also per indirectum nöhtigen, sich nach etwas bessers zu sehnen, und dem liebreichen Zug und Einfluß des höchsten Gutes damit Raum zu machen, daß es sich den Sinnen des Geistes, als ein solches, præsentiren könne. **Die eigentliche Straffen dann der Sünde bestehen in den Ausbrüchen und Früchten der Sünde selbst, und machen, ohne Zuthun einer andern Creatur, oder des Schöpffers, den Sünder, zeitlich so wohl, als ewig, unglückseelig und elend; erstlich überhaupt, weil der Geist durch den Fall, oder**

die

bey Vermehrung des menschlichen Geschlechts in dieser so verdorbenen Natur viele hungerige Hunde zusammen kamen, die alle an einem Knochen nagen musten, so wurde nohtwendig der erweckte Neid und Zorn dahin getrieben, daß Unfriede und Gewaltthätigkeit sie gegen einander zu rasenden Thieren machte; die drey erwachsene Häupter des höllischen Cerberi in dem Menschen, als **Geitz, Wollust und Hochmuht,** suchten sich Raum zu machen, und poussirten ihr Regiment so weit sie konnten, und machten folglich die Societäten der Menschen zu einem Nest aller Plagen und Straffen so wohl, als aller Laster, die nohtwendig solche Früchte bringen. Der Beleidigte ginge in gleichem Affect auf den Beleidiger an, und brauchte sein Jus Talionis so weit sich sein Vermögen erstreckte; Sturben die wilden Thiere dann in solchem Zustande, so sturben deswegen in dem Geist die erweckten Begierden und Affecten nicht ab, als die nicht in dem Leibe, sondern unmittelbahr in dem unsterblichen Theile ihren Sitz haben. Dieses voraus gesetzt, und dabey erwogen, daß alle diese rasende Unthiere, wenn sie durch den Todt dem Genuß der Eitelkeit entzogen worden, der ihnen hier noch einig Divertissement gegeben, dennoch in sich alle ihre Begierden und Affecten noch herum tragen, und darnach hungern, was sie doch nicht mehr haben können, gibt alsobald handtastlich zu erkennen, daß nun diese Elende ihren Unmuht und Wuht, mehr als zuvor in der Zeit, gegen sich selbst werden wenden, und ein jeder dem andern, so viel er kan, zur Plage und zum Teuffel werden; und also seine Straffe empfinden und tragen, die er ihm durch

lt und beraubet hat, werden zusammen gegen ihn
nspiriren, und demselben allen ersinnlichen Schimpf
nd Plage wiederum anthun. Und so folgen einem
den seine Wercke nach, was er, so wohl in sich selbst,
s andern gesäet, das wird er nach dem Tode zu ernd-
n haben; und die Gewaltigen werden durch eben
ejenigen, die sie hier beleidiget, und dadurch nicht
GOTT getrieben, sondern in Zorn und Rache ge-
st, auch nach dem Tode noch gewaltig gestrafft wer-
n, eben auf solche Art, wie man zuweilen noch hier
der Zeit Exempel gefunden, da der Unterdruckten
edult und Unmuht endlich zur rasenden Rache con-
riret, und den Unterdrucker mit zusammen gesetzter
acht überwältiget und vernichtet hat; nur daß in
er Welt die Plagen desto empfindlicher werden
n, je nackender ein jeder Geist in seiner Empfindung
ser dem Leibe nohtwendig seyn muß; denn derjeni-
der sich hier durch seine närrische Hypotheses verlei-
lässet, wider alle Vernunfft zu glauben, das Gefühl
d die Sinnlichkeit habe ihren Sitz in dem Leibe,
d höre mit Hinfallen des Leibes auf, wird gewißlich
das Gegentheil erfahren und gewahr werden, daß
Leib hier in der Zeit vielmehr eine Verhinderung
Decke der Sinnen, als derselben Subject, oder
mittelbahres Hauß gewesen, und daß der, der die
nnlichkeit von dem Wesen des Geistes separiren
l, oder sich einbilden, der Geist bestehe aus blossen
dancken und leeren Idéen, ohne in seinem Wesen
as Passives zu besitzen, das die Würckungen eines
ern könne annehmen, und dadurch auf unterschie-
e Art angethan werden, billig mit unter die extra-

vagan-

an allem Orte ihre Hölle, gleichwie auch, wann sie mit GOTT vereinigt ist, ihren seeligen Himmel haben kan, so leugnen wir eben deswegen nicht, daß eine besondere räumliche Behältniß dieser Unseeligen sey, oder auch in demselben es an Teuffeln und abgefallenen Geistern mangeln werde, die eben der Compagnie keinen Trost werden zubringen, sondern so gut, als die übrigen ihre Geschäffte der Finsterniß treiben. Nur wollen wir das sagen, daß der Ort, ohne die Plage der Sünden selbst, keine Verdammniß könne machen, und auch die Teuffel keinen erschrecken und quählen, als der mit ihnen in gleichen Schuhen stehet, und die schon in ihm lebendige Plage und Pein, durch der andern Gesellen Passiones, kan irritiren und vermehren lassen.

Von dem göttlichen Gesetz, beydes dem innern und äussern, und von der Intention des Gesetz-Stellers, die nicht in Obedientiæ Gloria, oder in dem Ruhm des Gehorsahms, sondern allein in dem Nutzen des Gehorchenden sich endiget.

Das zweyfache Elend des gefallenen und verirreten Menschen, nemlich das Zeitliche so wohl, als das Ewige, bewegte das höchste Gut, gegen beyde in seiner Weisheit Mittel zu stellen, oder dem verdorbenen Geist neue Instructiones zu geben, wie er könne und müsse wiederum sein Bestes suchen. Diese Unter-

verweisungen, und
nach hergebrachtem Geb
Arzt selbst einen Gesetz-
den nicht allzu præcise z
möglich, den einmahl
accommodiren. Denn
tigen Zeit, dependiren
Durfft und Indigenze der
bers, um denselben in
zu conserviren; und de
so ihm die Untergebenen
daß er, sich zu mainten
nen nöhtig hat, als die
Ruhe und Sicherheit n
einander zu wohnen; de
dürfftiges Band, zwi
Creatur nie Statt wird
genugsame, und in sich sel
giebet nur, als das höch
sich, und nimmt nimmer
auch in Ewigkeit zu sein
entbehren können; da hin
gar nicht seyn, viel wenig
ihre Seeligkeit oder W
schon noch wohl möglich
auf dieser Welt, das du
Gut das Irrdische verle
und äussere Zwang-Mit
dann GOTT, nicht a
der vor sich Gehorsahm
ster Gut, das sich dadurch

setze und Rahtschläge, und bringet solche vor den Verstand und die Sinnen des verirreten Menschen auf vielerley Weise; 1) **Unmittelbahr, durch die Einstrahlung des Geistes GOttes selbst**, an unser verständliches Theil und innere Sinnen, der uns züchtiget, überzeuget, den Genuß der Creatur verdächtig macht, und einen heimlichen Hunger nach etwas bessers in uns erwecket; welches Gesetz des überzeugenden Geistes GOttes allgemein ist, und keinen Menschen vorbey gehet, so wenig, als der Mensch selbst sich vor GOtt verbergen, oder sich seiner Allgegenwart entziehen kan. 2) **Mittelbahr, durch den Dienst der Heiligen, und guten Geister**, die gleichfalls unseren inneren Sinnen können præsent seyn, und denselbigen gute instructiones mittheilen, es sey nun in beygebrachten Idéen des Verstandes, oder in Gesichtern, Figuren und Bildern, die dem Menschen so wohl im Schlaf, als wachend, können præsentiret werden, und ihn zum Besten aufmuntern. 3) **Noch näher durch solche Menschen, in denen GOTT sich schon, als das höchste Gut, offenbahret und mittheilet, durch den Gehorsam des Glaubens, der die Welt und ihre Lüste besieget**; durch diese würcket das höchste Gut auf andere, so wohl durch ihre Wercke als Worte, und überführet diejenigen, so noch ferne sind, daß es möglich sey, wiederum aus dem Koht des Verderbens aufzustehen, und mit dem höchsten Gut Gemeinschafft zu haben. Und endlich 4) **durch Schrifften und gute *Exempel*, von solchen Menschen hinterlassen, die ehemahls des höchsten Guts theilhafftig gewesen**,

und

würde vorsetzen, das er zuvor nie gekostet hat, überdem, welches er alle Tage mit Appetit zu essen gewohnet gewesen, so wird er doch sein erstes Futter nicht um des besten willen fahren lassen. Und dieses ist eben die einige Ursach, warum die ewige Liebe denen Menschen, die von GOTT ihrer Glückseeligkeit in GOtt überzeuget sind, durch Trübsahl, Mangel und Verfolgung das schlimme Futter wieder ihren Willen aus dem Wege räumet, daß sie alsdann fast genöhtiget werden, sich nach dem besten zu wenden, und in der That zu erfahren, wie freundlich der HErr, und wie groß die verabsäumte Seeligkeit sey. Unterdessen aber, da es so schwehr fällt, den verdorbenen Menschen zum Genuß des höchsten Guts zu bringen, und also aus diesem innern Principio sein zeitliches Wohlseyn so wohl zugleich zu etabliren, als das Ewige zu erlangen, so sorgete die ewige Liebe noch auf eine andere und niedrige Weise, aufs wenigste die Abgefallenen in dieser Zeit in Ordnung zu halten, und glückseelig zu machen, nemlich durch solche fleischliche und grobe Gesetze, oder Lebens-Regeln, durch welche nicht so wohl das Verderben in seiner Wurtzel entdeckt und angegriffen, als nur in seinen groben Früchten und Ausbrüchen gehemmet wird, so weit solche die äussere Societät der Menschen turbulent und unsicher machen, und folglich die arme Creatur schon in dieser Zeit in einen höllischen Zustand versetzen. GOtt nahm dann zu dem Ende eine gantz fremde Gestalt und Masque an, formirte sich, als ein irrdischer Regent und Souverain, einen besonderen Staat und Republique, und erwehlte zu solcher Regierungs-Form ein

Volck,

en Lande, wann sie seinen Geboten würden folgen, legen handgreiflich an den Tag, daß GOTT sich diesem Volck nicht hat offenbaret, als ein GOTT oder als das höchste Gut, vor diese Zeit so wohl, als die Ewigkeit, sondern nur, als einen weltlichen Regenten, der an ihnen wolte ein Muster von einer wohleingerichteten Republique zeigen, und nur das zeitliche Ubel der Sünden und der irrdischen Lüsten unter ihnen mäßigen: wie denn solches aus allen Geboten und Verboten einem jeden Vernünfftigen klar vor Augen liegt. Selbst die Hütte des Stifts, und der an dieselbe, oder hernach an den Tempel, gebundene Levitische Dienst, war nicht so wohl ein Stück der Pflicht, um GOTT als GOTT zu suchen, oder sich ewig glückseelig zu machen, als ein ceremoniel de la cour, oder eine Regiments-Figur, um unter dem tummen Volck vor den Souverainen, der sich und seine Aussprüche an solchen dunckeln und benebelten Orten wolte zuweilen præsentiren, eine Residentz, und bey der Residentz einen Schwarm von Hof-Leuten, das ist, Priestern und Leviten, zu haben, die das Volck als Haus-Bediente des Souverainen unterhalten musten, gleichwie andere Völcker auch vor den Unterhalt ihrer Könige und ihres Staats sorgten; unter welchen einige Premiers-Ministres und Geheime Räthe des Regenten waren, die mit GOtt selbst in dieser angenommenen fremden Figur zuweilen konnten Unterredung halten, und dessen Willen dem Volcke kund machen, nemlich die Propheten und hohen Priester, mit dem mysterieusen Licht und Recht versehen, an welchem sie die Antwort auf ihre

Fra-

schon zum Theil bessere Concepten bey sich von GOtt hatten, konnten doch, weil es GOTT nöhtig gefunden sich so zu offenbahren, nicht anders zu dem tummen Volck reden, als auf den Fuß ihres Begriffs und der angenommenen Weise. Wer derohalben die expressiones der heiligen Schrifft will allezeit zur Regul machen, von GOTT, seinem Willen und eigentlichen Wercken in Conformität mit der Sachen selbst zu reden, und wesentliche Concepten zu formiren, der irret gewaltig, und ist jetzt mit Willen eben so tumm, ja noch tummer, als das damahlige tumme Volck, zu welchem GOtt also aus der finstern Wolcke und aus dunckeln Bildern hat reden müssen, weil sie Ihn, als das höchste Gut, und in dessen innigster Gemeinschafft ihre eigene Seeligkeit nicht erkennen wolten, sondern die Freude dieses Lebens in den irrdischen Lüsten dem Wohlseyn ihres unsterblichen Theils vorzogen, und eben den zeitlichen Todt, als ein Ubel aller Ubel, mit Furcht und Zittern verabscheueten: Wie selbst die Knechtschafft und Furcht des Todes die Besten und Heiligsten unter ihnen bis an ihr Ende tormentiret, und ihnen den kurtzen Genuß ihres gelobten Landes redlich versaltzen und bitter gemacht; zu einem klaren Beweiß, wie nichtig es sey, sich an einer solchen elenden und kurtzen Freude zu vergaffen, und unterdessen sein unsterbliches Theil nackend und bloß, hungrig und dürftig an die Pforte der Ewigkeit zu bringen, ohne zu wissen, wo jetzt des Lebens Vergnügung zu suchen und zu finden. Wie aber die ewige Liebe diese Masque eines irrdischen Regenten, eines Domini oder Baals, nach vorher geschehener Verkündi-

sie seiner eigenen Natur theilhafftig machen, ausser welcher keine wesentliche Seligkeit ist. Um aber ihnen den Weg zu diesem Heyl desto lebendiger und nachdrücklicher fürzubilden, so kleidet sich die ewige Weisheit selbst sichtbarlich in eine menschliche Person ein, wandelt als ein anderer Mensch unter den Menschen, lehret sie den lebendigen Weg, aus dem Abfall wieder aufzustehen, und das Ewige zu suchen, mit Weisheit-vollen und göttlichen Worten, bahnet ihnen auch den Weg, und wandelt ihn vor ihnen her, mit nachdrücklichen Exempel, und führet endlich diese angenommene und zum Erstling oder Hertzog der Seeligkeit erwählte Menschheit durch alles Leyden und den schmählichsten Tod hindurch zur göttlichen Herrlichkeit, um, als der Durchbrecher, den Grund und Eckstein zu legen, auf welchen und in welchen alle zur Seeligkeit müssen erbauet, und ein Tempel des höchsten Gutes oder GOttes werden. Sehet denn an einen König, an dem Pilatus und alle, die nach Augen gaffen, nichts Königliches werden finden können! Man schrye von ihm, er sey ein König, man erwartete auch einen allgemeinen König, der alle Völcker unter ein Joch solte bringen; er selbst sagte von sich in solcher niedrigen Gestalt, daß er König sey, worinn bestunde denn seine Gewalt? Er gibt es selbst mit wenig Worten an den Tag, da er sich einen König der Wahrheit nennet, der in die Welt gekommen, von der Wahrheit zu zeugen. So hatte er dann der äusseren Gewalt und des eiteln Gepränges zu der Aufrichtung seines Reiches gar nicht nöhtig; Ja es wäre ihm als eine Decke der Wahrheit, und Wohnung

der

nen und Begierden, nemlich eine Abkehrung derselben von dem Irrdischen, und Zukehrung zu dem Himmlischen, nach allen Regeln des Lebens, wie sie aus dem Munde des Heylandes zum völligen Unterricht uns sind mitgetheilet. Diese Reguln oder Consilia medica greiffen nun die Sünde und den Abfall nicht nur in den groben Ausbrüchen, wie die Gesetze der Respublic in dem alten Bund, sondern in ihrer Wurtzel und Stamm selbst an, um aus dem Grunde das Böse zu entdecken und zu heben, nicht aber eine Decke darüber zu legen; und müssen absolute ins Werck gerichtet werden, soll uns anders geholffen, und unser verirreter Geist zur wahren Seeligkeit gebracht werden, dann aus diesem Brunnen quillet die Hölle und die Verdammniß selbst natürlicher Weise, und könnte der Mittler uns ohnmöglich von der natürlichen Consequentz der Sünde frey machen, wo er uns von der Sünde selbst nicht könnte erretten, unsern Geist aus den Lüsten dieser Welt befreyen, und dessen Begierden in das Himmlische versetzen. Der Artzt kan an der Patienten statt keine Medicin einnehmen, und sie durch Imputation oder Zurechnung gesund machen; er hat auch nicht nöhtig, GOttes Zorn für andere zu tragen, und durch des Gesetzes Erfüllung solchen zu stillen; denn GOTT ist in sich nie zornig gewesen, und hat kein Gesetz gegeben um seiner willen, sondern zum besten der Creatur; will solche sich darnach nicht richten, so gehet GOTT, als dem Artzte, nichts ab an seiner Vergnügung und Seeligkeit; richtet sie sich aber darnach, so thut sie sich selbst damit Vortheil; dancket also GOtt nicht

durch

ches in der Parabel vom verlohrnen Sohn sehr deutlich zu sehen, den der Vater, als er umkehrete, mit Freuden wiederum annahm, ohne ihn wegen seines Verbrechens zu reprochiren, vielweniger Satisfaction von ihm zur Vergebung der Sünden zu fodern. Alles dann, was Christus, als der Mittler, für uns, wie die Schrifft redet, gethan, gelehret und gelitten hat, das hat er zwar uns zum Besten, aber nicht an unser Statt gethan, daß wir nicht eben NB solten in diesem Wege, den er gebahnet, zum Vater kommen, durch Verleugnung, Leyden und Abstinentz Gehorsam lernen, und eben durch ihn also GOtt dargestellet und geopffert werden, wie er sich selbst dargestellet und geopffert hat. Ist also der Glaube an diesen Heyland auf unserer Seiten kein ungegründeter Wahn und absurde Zuversicht auf sein Verdienst, wie die Unvernunfft bis hieher gegauckelt, und NB GOttes Wesen selbst mit solchen Concepten, die ohnedem in der Schrifft gantz fremd sind, verunehret hat, NB sondern eine Resignation unsers Willens, unserer Lüste und närrischen Vernunfft an seine Führung, oder eine Ubergebung und Uberlassung unseres Geistes an seine Gnaden-reiche Bewürckung, und ein zuversichtliches Ausharren unter dieser Bewürckung in diesem Wege, in welchem wir das uns annoch unsichtbare und noch nicht völlig gefundene höchste Gut uns gleichsam Præsent machen, getrost seyn in diesem dunckeln und schmahlen Gang, und so endlich das Ende unsers Glaubens, nemlich der Seelen Seeligkeit, davon tragen. So glauben wir recht an Christum, und so NB besitzen wir den Gehorsam des Glaubens, welchen

auf-

gen Vergnügung und Seeligkeit; eben wie in den Genuß der irrdischen Dinge und den Vorwürffen de vergänglichen Fleisches und Blutes unsere zeitlich Vergnügung bestehet. Der Geist bauet sich aus de irrdischen Materie in der fleischlichen Gebuhrt seine Leib und irrdisches Hauß, vermehret solches und ex tendiret es durch Essen und Trincken, weil er abe in einem fremden Element wohnet, so muß ers end lich verlassen, und der Verwesung übergeben; in de neuen Gebuhrt empfähet der Mensch zu seinem himm lischen Wohn-Hauß himmlische Elementen aus de göttlichen Natur, in diesen ist er so wesentlich, ja noch viel wesentlicher geschäftig, als in seinem verbrechli chen Leibe, diese formiret er sich zu seinem ewigen Kleide und Wohnung, aus diesen und in diesen lebe er, und steiget auf im Wachsen von einer Grösse und Vollkommenheit in die andere, in diesen erkennet e die Vollkommenheiten und Seeligkeiten des göttli chen Wesens, so weit das endliche das unendliche fassen und begreiffen kan. Und weil also in alle E wigkeiten der Ewigkeiten das Wesen GOttes, in sei ner Tieffe, auch von denen vollkommensten Geistern nicht gantz wird können erkannt und erschöpfft werden so wird auch in dem Genuß der ewigen Seeligkeit selbst eine continuirliche Verneuerung des Genusses, der Liebe und Admiration des höchsten Gutes, und folg lich kein Ende der höchsten Vergnügung, so wohl im Verstehen und Erkennen, als im würcklichen Fühlen und Geniessen seyn.

Von

Mensch, der hier in der Welt nach seiner Commo-
dität und dem Appetit seines Lebens seine Tage zu-
bringt in Essen, Trincken, Schlafen, Beyschlafen,
Comœdien, Compagnien und andern Eitelkeiten, die
für honet passiren; dabey er niemand beleidiget, vervortheilet und ärgert, ja, nachdem sein Naturell ist,
vielleicht noch vielen Gutes thut, und von seinem U-
berfluß mittheilet; im übrigen aber sich um das Ewige, oder um sein Vergnügen nach dem Tode, wenig
bekümmert, der wird, wann er stirbt, seine Hölle und
Verdruß im Mangel und Elend finden, aber doch
nicht so unseelig seyn, als ein anderer offenbar Gottlo-
ser, der durch seine Boßheit auch andere böse gemacht,
durch List und Gewalt dieselbe vervortheilet und beraubet, durch Hochmuht und Zorn irritiret, und in
gleiches Element gesetzt, durch Unzucht und Geilhei
verführet, und Lasterhaft gemacht; dann über dem
daß ein solcher durch offt wiederholte lasterhaft
Thaten seinen Lebens-Grund gantz bestial gemacht,
und die Begierden fester gegründet, folglich auc
den Hunger und Verlangen nach solchem Futte
viel vehementer wird zu seiner eigenen Hölle em
pfinden, als der erste, so hat er noch ausser sich an
dere ihm zu Peinigern und Teufeln gemacht, di
mit ihren durch ihn erregten Passionen seinen Gei
insultiren und verunruhigen werden, wann er auc
in sich selbst sonst ohne Plage wäre. Eben solch
schläfrige und hungrige so wohl als muntere Ge
mühter, finden sich auch in dem Wege, der zum Le
ben führet, die zwar den Weg alle betreten, aber m
sehr unterschiedenem Avancement, und folglich auc

m

mit Ernst und in der That, als mit Wünschen un
Seuffzen sich bewahren. Was ist wohl die Schul
dieser grossen Ungleichheit? gewißlich nichts anders
als der nach der ersten Verfolgung wieder aufwa
chende Fleisches-Sinn in den Christen, der die einfäl
tigen Wahrheiten, die der Heyland zum Leben gege
ben, fahren lassen, hingegen den Apparat der alten Jü
dischen Respublique, an Statt des Dienstes im Geis
wiederum eingeführet, mit prächtigen Tempeln, Prie
stern und Leviten, und einem gantzen Schwarm ei
teler Ceremonien sich gebrüstet, Christum, den Für
sten des Lebens, nicht zum Hertzog der Seeligkei
sondern zum Vorwurf des eiteln Disputirens un
Zanckens über seine Person behalten, ja ihn endlic
durch falsche Lehren und recht höllische Meynungen, so von seinem Thron herunter gesetzet, da
der heutige Christus, wie er angesehen und gepredi-
get wird, vielmehr ein Teuffel und Versucher zum
Argen denen Gemühtern werden muß, als eine Ur
sach der Seeligkeit; „Denn man lehret ja offenbar
„daß niemand seinen Lehren gehorsamen, oder ihn
„nachfolgen könne; daß er die Sünde und Werck
„des Teuffels nicht zerstöhre und aufhebe, sonder
„zudecke; daß er an unserer Statt gehorchet und ge
„litten, wir aber in der That nicht könnten durch Ley-
„den und Gehorsam GOTT geopffert werden; da
„die Busse nur eine Galgen-Reue, und keine gründ-
„liche Sinnes-Aenderung oder Bekehrung zum höch
„sten Gut; der Glaube aber kein innigster Gehorsam
„und Ubergabe an das Wort des Lebens, sondern ei-
„ne Zuversicht auf Christi Verdienst sey; daß di

Wie-

es endlich noch am besten reussiret, durch die mi
ckende Zucht der allgemeinen Gnade, nur Herma
diten, oder Amphibia, zum Vorschein bringen
zwischen beyden Ständen der Höllen und der
ligkeit, hangen bleiben, von beyden participiren,
den Lüsten dieser Welt, bald dem züchtigenden
GOttes sich in die Arme werffen, bis ihnen e
durch den zeitlichen Tod ihr irrdisches Futter m
walt entzogen, und ihnen eine gantz andere Theo
zu fassen erst Gelegenheit gegeben wird, dam
wenige Gute aus dem Schatz der ewigen Güter
hier angenommen, noch in ihnen über das Böse
ster, und also ihr armer Geist zum ewigen Leben
geführet werde, nicht ohne Tod, Verleugnung
widriges Gefühl, gleichwie es ohne dergleichen
tel auch hie in der Zeit nicht wäre thunlich gen
Dann wird schon den Lüsten durch den zeitlichen
ihr Futter entzogen, so werden sie deswegen n
sich selbst getödtet, sondern hungern nach ihre
gen Speise, ohne was sonst noch vor Böses da
in andern erreget worden, welches alles, als Kett
Finsterniß, den Geist zurück ziehet, und nicht oh
den kan gehoben werden, und das nicht auf ein
sondern in solcher Maaß der Zeit, die genug ist, d
gewurtzelte, und dem Geist noch meist verborge
bel zu entdecken, und das Gute gegen das Böse
nem Wachsthum zu bringen, bis daß endl
Kräfte des Lebens und der Begierden in dasselbe
gen werden, und darinnen ewig vergnügt seyn k
Die aber hier in Christo leben, die können
in ihm sterben, und nach dem Tode vom

heit verhänget, andere zu erschrecken und zu be[...]
gen, bis sie endlich die Zeit des allgemeinen Ge[...]
oder des Jüngsten Tages, erleben, da sie mit den [...]
seln erst zusammen in ein Gefängniß gesperret, [...]
richt und Plage recht empfinden werden, und [...]
ihnen erst der rechte Grund geleget werde, die v[...]
ne und versäumte Seeligkeit zu erkennen, und [...]
eigen Elend in tieffe Reue zu versincken. E[...]
solches geschiehet, wissen und erfahren sie nic[...]
GOTT und denen Schätzen der wahren S[...]
keit, und wo sie hier nicht schon Atheisten gewes[...]
werden sie es nach dem Tode erst werden, nur [...]
in dem einigen ihrer Thorheit überführet sind, [...]
Geist unsterblich ist. Dieses Gericht aber zu [...]
und jedem nach seinen Wercken, andern zum Ex[...]
zu vergelten, ist von GOtt Christo, als dem S[...]
Menschen, übergeben. Denn weil nicht G[...]
seinem seeligen Wesen, wohl aber die M[...]
heit in ihrer Dürftigkeit, kan beleidiget [...]
den, so findet auch die Gerechtigkeit nicht [...]
zwischen GOtt und der Creatur, sonder[...]
schen Creatur und Creatur; Wie dann [...]
Proceß solches Gerichts, wie ihn der Heyland [...]
beschreibet, nicht Christus als GOtt, sonde[...]
Mensch mit den Menschen rechten wird, und den [...]
losen ihre unterlassene Pflicht gegen ihn un[...]
Glieder verweisen; den Guten aber ihren, oh[...]
ihnen selbst nützlichen Gehorsam, in Ausübung d[...]
be gegen ihn und seine Glieder noch apart bel[...]
Und dieses allein zu dem Ende, daß der Schwa[...]
Gottlosen desto mehr möge beschämet und ih[...]

§. 1.

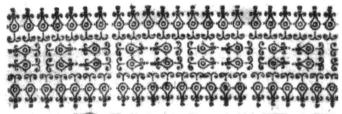

OMissis & intactis quæ
Democriti prima &
ex quibus tamen om
quæ consequentia nat
unt , amico visum f
saltum hinc inde sibi
quæstionum impugna
ligere , ac primo c
re , in Deo re vera d
tiam vindicativam , iram & odium ; non
quidam hæc in scripturis per ἀνθρωποπάθει
prædicari , interim tamen θεοπρεπῶς seu mo
tatem decenti revera Deo inesse cum suis A
ribus statuendo. Sed dicis gratia & preca
asseruntur , quandiu ista θεοπρέπεια non su
ptu specifico & formali sisti potest , qui reli
attributa omnino & extra dubium essentiali
vertat & conceptibus contrariis essentiam div
volvat.

§. 2. Si vero nostra sententia hæ D
butæ passiones non in creaturam , qua cr
quæ nunquam , teste scriptura , Creatori

§. 5. Satisfacere ergo, si ita loqui fas
tiæ Dei vindicativæ, ejus præsentem iram av
futuro judicio & ira præservare credulos, nun
terit, nisi re vera salvans seu liberans a peccat
tollens, opera Diaboli destruens, & ita dem
turam ad amissam per lapsum communionem
mo bono reducens.

§. 6. Summum bonum Deus, ut
stionibus nostris jam patuit, tanquam C
Rex universi, nunquam sui ergo lege
creaturis, suo quasi cavens honori & aff
bedientiæ gloriam, quod vel Regibus ter
titiæ & tyrannidi vertitur, sed unice, u
Creaturæ vel præcaveret, vel jamdum lap
rationi & bono reparando invigilaret:
nempe creaturæ omnis lex data est; non in
ris cupitam gloriam, qui in se & ex s
beatus, nec creaturis, nec earum servitio
dientia indiget. Peccatum ergo seu ἀνο
tam lædit Creatorem, quam ipsam creatura
sponte sua a salutis fonte recedens non
tum in Deum, quam damnum inevitabile
prime nocivum incurrit. Creaturæ hinc
dæ a Deo semper benigno Salvator datur,
placando, qui, cum ipsemet ex summi amo
dantia Mediatorem in mundum miserit,
irato satisfactionem quæsivisse vix sine deli
cipi potest, nisi nænias illas & figmen
absurda, nempe sibi adversantes justitiam
ricordiam, serio in theatro exhibere volup

eo ipso inferamus necesse est, imputative Cl
portasse, ceu sustulisse peccata nostra, nisi
fœderis æque ac veteris putatitia & umbrat
tuere velimus. Aliter sane Apostolus p
Hebræos Epistolam bona veteris & novi
comparat: non imputationes nectit in n
novas, sed sanctitatem & repurgationem
peccatorum realem ubivis inculcat, & f
carnali & umbratili veteris œconomiæ opp
veant ergo nimium præcipites talium ty
plicatores, ne sanctissimum Servatorem
fingant hircum impurum, qui imputativ
tive peccata deportet, & populum va
rebellem eundem, qui fuit, relinquat.
& solidiora omnes Prophetæ unanimi c
turo Messia ejusque officio & regno pr
na & dona: Cor nimirum novum, c
tus inscripta, peccatorum non tegumentum
tionem, & æternæ justitiæ, quæ fuit ante l
staurationem, ubi legalis illa reatus saltem
imputatio omnino exulat, & substitutis me
eum cedit.

§. 10. Urgetur, *secundo*, ipsum S
crificium, & per omnia totius fere vitæ a
cerbissimam & ignominiosissimam cruci
Patri cœlesti præstita obedientia, qua v
saiæ implendo per imputationem sibi im
cata totius mundi tulerit & expiarit, ut n
dem imputationis viam suæ justitiæ particip
ac Patri irato reconciliaret. Cui stabilie

[illegible] cursum perfectum & consummatum [illegible]
suam gloriam intrasse eum, & ipse & sc[illegible]
lucu[illegible]er testatur, & hic demum, id
tationis statu, reliquis sibi obedientibu[illegible]
tis factum esse perhibet; quos omne[illegible]
niam ad se trahet & Patri suo perfect[illegible]
cato liberatos sistet. Ita sane & non al[illegible]
totius mundi tollit & in se suscipit p[illegible]
firmitates. Quicquid hinc Christus in
ne propria præstitit, eidem, præprimis
mani generis supposito, salutem & glo[illegible]
abundantem, metamque beatitudinis
munionis cum Deo, ut ita dicam,
revera contulit, & reliquis per eum sa[illegible]
tantum salutis fontem, sed & metho[illegible]
am aperuit, qua per lapsum amissa salu[illegible]
munio cum summo bono, ex rei ipsi[illegible]
tia & necessario, rursus introducenda
Christum jam in caput & Ducem salvan[illegible]
ctum reparanda veniat. Pro nobis er[illegible]
dum fecit & passus est, ceu scriptura lo[illegible]
ὑπὲρ ἡμῶν non ἀντὶ ἡμῶν, id est, in
bonum, non nostri tantum loco, demu[illegible]
bi munus in carne adimplevit, evehen[illegible]
rum assumptam carnem in apicem *beatit*[illegible]
gloriæ, & in caput corporis cujusdam [illegible]
rigendo, a quo deinde omnibus in eadem
tionis via bene certantibus, re ipsa, &
fluxum vivificum præsentis intime Servatoris
salus conferenda sit. Legantur, quæ, inqu[illegible]

iuum

hendam, si modo per veræ fidei ac
dientes deprehendamur, ac traditis
non nobis ipsis, sed ei vivamus, e
gressiones patienter recipiamus. *Ch*
non extra nos, vel in historia eoru
carne præstitis, *mysterium patefact*
rie *æterna* in scripturis dicitur
num tantum valere & intendi, toti
Discipulis genuinis, insinuatur.
eamdem ipse Paulus nequidem amplius
et intigeus in tali, qua tali, salutem quæ
ve creaturæ seu regenerationis efficac
sibi unicum scopum præfigit, inque ejus
munione ad plenariæ restaurationis me
ejusque tam mortis quam resurrectionis
ni omni conatu contendit, sat sibi consci
lis restaurationis opere Christum præcip
hus salutis esse causam efficientem & op
seu regni tenebrarum eversorem.

mus...

§. 13. Omnia hinc quæ Christus ext
venit, & quibus assumptum hominem in
tis, in caput Ecclesiæ, & in primitias ta
rationis erexit & evexit, adeo in omnibus
staurandis & ad Deum ducendis suo mod
ra implenda esse contendit scriptura,
in loco talium meminerit, quin illico n
versum & omnino, si salvi velimus esse,
ostendat, quo hæc in carne a capite præstit
bra devolvantur, & tanquam necessario

ut ipse citato loco Apostoli
consequentia concludit: dum
ἀδυναμίαν & impedimentum
affirmat, per cujus in forma
stitum sacrificium περὶ ἁμαρ
condemnata, id est, morti a
sint, ut δικαίωμα τȣ̃ νόμȣ se
inculcat, in nobis adimplere
carnem, quæ mortificanda,
tum vivificantis & nobis pe
tis Christi viventibus. Quen
putationi adversum; Amicus
hoc suæ sectæ Antesignanos
veretur suæ hypothesi substrue
rio & contorte explicatum,
sim, eum sibi ipsi adeo s
eruere valuisse, quo minus
re textui & totam mentem
conclusionis nervum infringe
quotquot in Christo non meli
runt, quam quæ lex sibi re
ptæ subministrare potest, &
legis δικαίωμα evertere, no
implere allaborant. Quorum
dax ψευδερμηνείας molimen
δω notamus) noster Amicu
veretur in locis illis Epistolæ Pe
in carcere detentis incredulis
suam resurrectionem evangel
citur, omnia adeo confider
tali scripturas explicandi me

ptis per educationem opinionibu
mento & tam facile abstrahun
præ omnibus in orbe gentibu
imbutis, apprime fuisse judæos
se, extra dubium est: hi nem
que per immissa a Deo judicia
legi debitis privabantur oblect
suum sibi re vera iratum e
& ex benevolo factum esse
quia, apparente in mundo Chris
te & jugo Romanorum gemebar
ipso, qui ad mundi perditi captivi
missus alias erat, grata admodum
piebant nuntia, non poterant n
& benevolentia ad sensum carr
vindictam ejus inexpiabilem per
missionem hinc peccatorum, c
& inde emergentem *irati num*
nem talibus inculcare necessu
convincere, Deum, qui tam
suo filio eorum saluti prospexe
omnibus telis & ignominiis ex
cerit, sat evidentia animi amici &
buisse argumenta, & se non irat
omnino declarasse. Est ergo in
vini extremo complemento, pe
sio ἱλαςήριον, λύτριον ἀντίλυτρο
& intercessio, non quæ Deum
rint & sic demum propitium
quæ timidis & anxiis peccato
Deum re vera esse evicerint.

rumpit, ab incumbente huic ira
tur & ὁμόψηφος jam gratiæ cast
quilla conscientiæ pace, & ex vi
te gaudio fruitur & perfunditur
stus in nobis ea præstat, quæ ne
in naturæ viribus relictis ullaten
lia, & satisfacit justitiæ & iræ,
supprimit & extirpat, & sic inc
cos & ingratos, castigationum &
sus a creatura per fidem obedien
umque jam, ut re vera est semp
nignum, amantem, & summa
ditum, eamque lubentissime c
conversæ ad Deum menti ipso
experiundum sistit. In qua pa
Dei & Christi præsentia, consisti
quam JESUS prædicat, & ipl
nam vocat, Patris & missi filii
longinquo & inanibus idearum
sumpta, sed vivido modo & infl
jectis intime præsentibus hausta
Deum fœcunda semper parens, i
nitatem una cum suis fructibus f
dum summi boni perfectiones
infinitæ capi vel exhauriri a vi
quantumvis capacissimo, sit im
vitam æternam, ad quam & i
homo conditus erat, & quam p
ferat, ut reducat, Christus ceu
unice datus est, inque hoc sol
dentium munere suo fungitur.

& turiola hinc cupiditatum in
mes sine ullo cibo, semper q
inveniens grassabitur, sibi ipsi
tor & carnifex, si vel nullus u
tanas, quem alias plus quam
mur, & irati numinis flagellu
mendum scelerum nostrorum
Discite hic quid habeant in rec
ris illa prægnantia, sat levite
Qui credit in me, habet vitam
venit in judicium, qui non cr
tus est; & certi estote, in Chri
cujusvis esse, sed eorum tan
æternum duratura anhelant, &
runt, ut infra ulterius patescet.

§. 17. *Ultimum* tandem ref
stro subministrat Paulus Apost
manos Epistola, quæ, ut ja
rum Apostolorum, teste Petr
sensum reprobum & a mente S
num rapta est, ita sequioribu
ptis seculis semper materiam
vel pestiferos Evangelio erro
novatores stabilirent, vel ad
rum quæstionum tricis mentes
cessario prorsus averterent, i
sputationum voraginem præc
nempe Amicus adductum ab
plum fidelis Abrahæ, cui ja
circumcisionem fides dicatur

necessaria conditio & inhærer
qualitas, dicatur imputari ad
§. 18. Fides salvifica, ve
pa, denotat (quod in quæsti
& ad excludendas orthodoxi
probe tenendum) eam animi
tis vel Deum in Christo quæ
& statum, quo omnia obstac
& Deum, vel etiam Mediato
versantia removentur, & j
quam Deus & ejus beatitud
Est ergo fides hæc non salten
tes salutares a summo bon
intima & ex totis viribus pr
& resignatio facultatum &
ad Deum & ejus operatione
feras placide suscipiendas,
mus, non simus amplius no
no in quem credimus, se
mus, quo is in nobis ex r
conferat ea, quæ sibi in
conducere videntur. Ali
qui sibi fingunt, non tantu
ciunt, sed & alieni a ratio
prorsus ignorare, quid De
homo perditus ex lapsu red
amissa salus reduci possit.
per fidem, nec per ulla ali
externos sub auxilio præve
tis gratiæ, ea omnia præsta
ad recipiendum Deum &

bebant. Nunquam enim nisi
aliquem crediderim eo demen
in enarratis ab Apostolo exem
jus fit mentio, fidem in Chri
ficam, eique enarratos effec
mis si per eam intelligenda v
volunt in Christi meritum:
in allegatis exemplis loco v
re *fiduciam in meritum*
quantæ insaniæ se involvat
sit meriturus, si tali substru
cia catalogum illum creder
sustineat.

§. 19. Quando hinc in ea
stola Apostolus opera legis f
legem veræ justitiæ introd
eptam declarat, præprim
rum supercilium deprimer
stone & reliquis suis institu
populus Deo electus, nir
bant, & omnes gentes,
carnis justitiam, a salute æt
men, quod in nostris qu
ctum est, tota lex Mosai
tibus impleta nil nisi hujus
ceu civilem, & inde eme
ex ipsius legislatoris int
rit, & hinc nullatenus
magis ea conferre in se a
lex æterna, in præcept

§. 20. Errant hinc errorem
gni tenebrarum commodis o
ficant, qui in Christo non ea
runt. quæ per lapsum amis
Evangelio sibi fingunt oblig
luntatem, quam quæ lege ill
um super omnia diligere, &
stris, commodis prospicere j
Hæc etenim lex ut impleretu
sumpta carne propria, sed &
Christo & Deo credentibus,
nec sine hujus in nobis facta
lus, ceu communio cum sum
subsistere poterit. Christum
rem & imbecilliorem lege r
eum esse credamus, qui re i
& præstare in nobis, quæ le
considerata, præstare nequit
salvificam dicamus, sed poti
tis complementum, quæ tegi
satisfactionem & nudam imp
locum obedientiæ & amoris e
surrogandam, quem amorem
dunt impossibilem, nil mora
quod tantopere inculcat, ef
Evangelium & fidem salutica
liri & impleri legem, idque
in nobis, quibus inhabitans
lex viva est & legislator, &
tat vires, quibus ei perfecte

Satanas e longinqu
casto nunquam in vi
ta ejus amplexus des
ri, seu menti in co
habitantis Christi
animæ sensualis tan
quam irascibilium
non possunt, si m
menta aversetur,
sibi præsente haur
crebra & acerrima
sed vinci & station
re perfectum dixe
ctum virtutem colit
& experimenta ατ
ini bene currentis
innotuit. Nec ip
sua Eva tentati a
sensuum allecti il
fectionis amisissen
perstitissent, nec
solo Deo ejusque
terrenorum bonc
per tale virtutis
summo bono ur
sent, Hostem
tamen hinc abje
desperemus, pr
Christi inhabitar
eum morti addi

cendi methodum,
irruentem corrup
Licet enim mihi
ſtet, tam Symbol
ſanctimoniæ ſuum
turam, ceu, ut i
vationem poſt a
juſtitiam imputat
ſcribere, imo q
B. *Arndium* &
tem melius ſapi
qui articulum ſ
ut vocant, ab
non deberi, ſed
dant, ſuisque i
carnalibus ſuis c
ſint; quamdiu ta
reali cum ſumm
in nobis, *non*
Reparator & cau
ſe, non ſtatuitu
imperfectionis te
xorum ſanctitas
per fidem impu
ſaltem & conſe
ſtiferi neceſſario
mentes ſecuras a
ſalutis præfixo.
titiis, bonis ac
enim per peccat
ſalutis illius im

dum irascitur delicti
p'et defectum per i
in iis, quos inhæren
illico potuisset, si i
sane satis hæc est
omnem rationem m
tis syllogisticis carnis
gmentum, cui proi
tius Evangelii articu
postulatur.

§. 23. De abusu
sæ tollendo, & inc
tis Ecclesiæ orthodo
servando honore &
admonet eum, qui
hujus orthodoxiæ,
hendere potest, e
qui omnibus viribu
cum vero sanctitati
liare allaborant:
Halenses, interque
pugnatur acerrimus
cujus scripta polen
ria lippitudine oc
quantis quæstionun
adversus γνησίως
habuerit, pietatis
ticulo stantis & ca
ducere, quantaqu
traditiones paterna
liquos, probos pa

Lightning Source UK Ltd.
Milton Keynes UK
UKHW030039261021
392822UK00009B/1972